美国 ICQAC 国际认证

甘肃兰州培训合影

国旅集团培训合影

全聚德品牌文化考察

满洲里大饭店特训合影

海拉尔金融大酒店培训合影

口岸大酒店培训现场

建设银行呼伦贝尔分行员工培训现场

步森百货大楼现场互动

金牌培训师颁奖盛典留影

首届国际企业文化论坛

恒泰证券客户经理培训现场

中国联通培训现场

步森百货大楼培训现场

国旅集团训练营现场

一汽中层管理者培训现场

临淄三中团队培训现场

“力量中坚”课程培训现场

金师起点·超级讲师精品书系

冯世华·著
国内知名中层管理专家冯世华最新力作

中国财富出版社

图书在版编目（CIP）数据

从中层到中坚：职业化中层管理者成长的 8 项修炼 / 冯世华著. —北京：中国财富出版社，2015.5

（金师起点·超级讲师精品书系）

ISBN 978－7－5047－5458－5

Ⅰ.①从…　Ⅱ.①冯…　Ⅲ.①企业管理　Ⅳ.①F270

中国版本图书馆 CIP 数据核字（2014）第 269315 号

策划编辑　宋　宇　　**责任印制**　何崇杭

责任编辑　王　波　赵笑梅　　**责任校对**　梁　凡

出版发行　中国财富出版社

社　　址　北京市丰台区南四环西路 188 号 5 区 20 楼　　**邮政编码**　100070

电　　话　010－52227568（发行部）　010－52227588 转 307（总编室）

010－68589540（读者服务部）　010－52227588 转 305（质检部）

网　　址　http：//www.cfpress.com.cn

经　　销　新华书店

印　　刷　北京京都六环印刷厂

书　　号　ISBN 978－7－5047－5458－5/F·2273

开　　本　710mm×1000mm　1/16　　**版　　次**　2015 年 5 月第 1 版

印　　张　13.75　**插页**　1　　**印　　次**　2015 年 5 月第 1 次印刷

字　　数　176千字　　**定　　价**　35.00元

前　言

人活一生，几十年，到底是平庸地走过，还是要活得精彩？我们时常在徘徊、在犹豫。固然，要想活得精彩，就要承受更多，而要想像绝大多数我们身边的人那样平庸一生——就业、结婚、生子等程序按部就班的话，则非常容易，但未免又太过乏味了！难道我们就一生在追逐票子、房子、车子、孩子，然后就等退休吗？我，不甘心！真的不甘心！

人活着，不仅仅是活着！更多是要活出价值，活得精彩！为父母、为了所有对你好过的人！让自己的父母因为你的成功而脸上更有光，在众人面前更能抬得起头！让你的家族因为有你而感到骄傲和自豪！你的职业决定着你的生活，我在国内率先总结提出了中国职业精神：信仰、责任、主动、创新！这一理念已经得到了中国职场人士的高度认可，是中国职场精英成长的精神圣经！每个人都是这样，管理者更是！职位越高，你的责任也就越大！不仅仅是为自己和自己的家族，还有跟着你干事业的那帮兄弟姐妹，还有他们的爹娘妻儿！所有这些都和你有关！都是你的责任！除非，你不是管理者！

中层管理者，肩负着重要的承上启下的作用，是一个公司重要的管理阶层。只有首先明确自身定位，不断修炼自己，才会不辜负上级领导的信任和基层员工的重托。一个合格的中层管理者必须是个责任心很强、沟通能力很强、创新能力很强、团队领导力很强的人才。同时，又要能有大局意识。中层管理者的胜任力直接影响着一个企业各项工作能否顺利有效地开展、能否完美符合领导的预期。真正的中坚管理者可根据他的完美领悟、高效传达和出色激励，使本部门工作最终的执行甚至超出领导的期望，让领导惊喜不断！这才是中国首席职业化中层管理者的卓越表现！

步入职场已经11个年头了，十年，人生一跨越！人生一转折！人生一总结！更要人生一超越！

厚积薄发、踏实成长、时刻学习、时刻改变，只要怀有满腔的热情和执着的信念，你就一定会成功！当然前提是你必须专注坚持、死守三十年！人到中年的我，更加激情向上、斗志昂扬，思维决定行为，想法决定活法。我渴望更多的学习，期待更多的改变，坚信会让父母过上更好的日子，让二老多享享福！因为他们为儿女付出的太多了！写到这里，真的是情不自禁，我一定要把我父母的名字告诉大家，我的父亲冯清安先生、母亲苏九双女士。他们是普通的父母，却又是极其伟大的父母！一直在默默支持着我的事业！在此深深地感谢我的父母！

同时还要感恩我的兄弟冯世伟，感恩在这一生中我们亲如手足，感恩从小与我的朝夕相伴，唯一的亲兄弟！让我们生命与共！还要感恩我的姨夫姚红雨一家对我们全家所给予的亲情帮助，让我感动，让我流泪！感恩曹东雷大哥对我的关照和帮助，感恩陈雪枫大哥对我的支持，永远的好哥们，真心换真诚！纯粹直达内心，单纯铸就永恒！

写到这里，内心真的是有些酸楚，泪水在眼眶中转，人生短暂几十年，父母、兄弟、亲属、同学、朋友……没有你们的陪伴和帮助，我真的无法成长，感恩生命让我们有缘在一起，有的虽然是擦肩而过，仅一面之缘，但真的是还要说声谢谢！道声珍重！一切都在世华的心中，刻骨铭记，终身不忘，良心比天大！我会肩负责任，坚定信仰，带着感恩之心回报社会，直到我生命终结的那一刻！

士别三日当刮目相看，君子好学要只争朝夕，人生成长要突破自我，事业做强靠不断创新！生命的价值在于优势发挥到极致！人生的意义就是为父、为母、为国家！格局决定结局，胸怀决定现状，眼光就是未来，魄力就是命运！速度赢得发展先机，创新才会活得更好！差异化赢得绝对竞争力！适应力才是持久生命力！

我，永不服输！我，更会一直去坚守，为了心中那份纯粹和干净，为了生命存在的真正意义，一直去追寻！

你呢？

冯世华

2014 年 6 月于上海书房

目录

Contents

第一章　中坚管理力——指挥他人用最好的工作方法去工作 … 1

著名的管理专家彼得·德鲁克认为：“管理是一种工作，它有自己的技巧、工具和方法；管理是一种器官，是赋予组织以生命的、能动的、动态的器官；管理是一门科学，一种系统化的并到处适用的知识；同时管理也是一种文化。”作为企业的中层力量，管理者的管理力往往决定企业的生命力。

第一节　优秀的管理是战斗力开始 …… 3
第二节　营造高效的管理机制 …… 5
第三节　成功的管理者，始于自我管理 …… 8
第四节　用制度管人，而不是人情管理 …… 12
第五节　管理为主，细化责任 …… 16
第六节　消除影响管理的负面情绪 …… 19

第七节　适时地向下级授权 …………………………………………… 21

第二章　中坚沟通力——把上下沟通贯彻到管理当中 ………… 25

有一个寓言故事：一把坚实的大锁挂在大门上，一根铁杆费了九牛二虎之力，还是无法将它撬开。钥匙走来了，它用瘦小的身子钻进锁孔，只轻轻一转，大锁就"啪"的一声打开了。铁杆奇怪地问："为什么我费了那么大力气也打不开，而你却轻而易举地就把它打开了呢?"钥匙说："因为我最了解它的心。"沟通要从对方的角度出发。在管理当中，沟通的主导责任是管理者自己。

第一节　管理就是沟通、沟通、再沟通 ………………………………… 27
第二节　无论上下属，做有效沟通的主人 ……………………………… 31
第三节　读懂上级，才能有效沟通 …………………………………… 34
第四节　打破部门的沟通壁垒 ………………………………………… 39
第五节　同理才能同心，沟通需要同理心 ……………………………… 44

第三章　中坚解决力——管理者是问题处理能手 ……………… 51

解决力，顾名思义就是解决问题的能力。优秀的解决力是指当问题接踵而来而且复杂度不断升高时，能够系统地找出问题的成因，对症下药，以最有效率的方式解决问题。

管理者解决问题的能力，就是结合企业的愿景、战略和岗位职能，运用观念、规则、工作程序方法等对客观问题进行分析并提出解决方案的能力。

第一节　中层就是消灭企业危机的防火墙 ……………………………… 53
第二节　要创造效益，必须解决问题 ………………………………… 58
第三节　构建解决型团队 …………………………………………… 62

第四节 让自己成为员工眼中的专家 …………………………… 66
第五节 运用创造性思维去解决问题 …………………………… 70
第六节 把问题的阻力化作工作的动力 ………………………… 73

第四章 中坚激励力——给员工一个前进的力量 ……………… 79

激励力是一种管理者鼓励下属的能力，强大的激励力能激励人们去做原本他们不愿意做的事。值得一提的是，在不同的情况下，需要使用的激励力量类型也会有所不同，因此身为一个管理人必须要熟悉各种力量，以及它们的潜在利用方式。管理者要善于创造并运用自己的激励力，激发下属的职业斗志。

第一节 用精神力量激发下属斗志 ……………………………… 81
第二节 中层管理者要注意为激励保鲜 ………………………… 86
第三节 管理者要善于关心下属 ………………………………… 93
第四节 善用正负激励，恩威并施 ……………………………… 97
第五节 强化感召力，在理想主义旗帜下集合 ………………… 106

第五章 中坚协调力——中间层就是协调层 …………………… 117

协调力就是正确处理组织内外各种关系，为组织正常运转创造良好的条件和环境，促进组织目标的实现。在企业管理中，这是管理者要把自己和上下级关系更为友好地维护的一种纽带性的能力。对下的问题要进行消化、反映和反馈；对上的问题要进行解码、下传和反馈；对己的问题要进行思考、上报和下传。作为中间层的管理者，要真正维护好上级、自己和下级的关系，并能很好地把各项工作做好，其实是难度最大的事情。

第一节 主动协调上下级关系 ……………………………………… 119

第二节　融入团队，不做甩手掌柜 …………………………………… 124
第三节　将冲突视为机会 ………………………………………………… 127
第四节　让合适的人做合适的事 ………………………………………… 130
第五节　协调企业内外的合作 …………………………………………… 133
第六节　共享资源，为我所用 …………………………………………… 135

第六章　中坚领导力——管理制度化，领导人性化 ………… 139

2200 多年前，阿基米德说："给我一个支点，我就能撬起地球！"和阿基米德一样，很多管理者需要的也是一个支点，一个有效撬动别人力量和智慧的支点，一个借助团队力量的支点。这个支点就是卓越的领导力。古时候有句话叫"一将无能，累死千军"，作为中层，你要记住，如果自己缺乏领导力，照样能够"累死千军"。

第一节　从管理者到团队领导 …………………………………………… 141
第二节　制度管理与人性领导，两者缺一不可 ………………………… 144
第三节　管理者，关键在于管人 ………………………………………… 148
第四节　让领导力在团队中释放 ………………………………………… 154
第五节　构建中层领导力 ………………………………………………… 159

第七章　中坚影响力——感召下属，影响全局 ……………… 163

罗伯特·西奥迪尼说："有一些人清楚地知道影响力的武器在哪里，还能够熟练地驾驭这些武器来达到自己的目的。他们在社会上闯荡，恨不得让每一个人都按照他们的意志来行事，而且他们总是能够如愿以偿。其实，他们成功的秘密就在于他们知道怎样提出请求，知道怎样利用身边存在的影响力武器来武装自己。"

第一节 工作中塑造权威性影响力 …………………………………… 165
第二节 卓越影响力背后的特质 ………………………………………… 168
第三节 施展自己的非权力性影响力 ………………………………… 170
第四节 创造榜样的力量 ……………………………………………… 176
第五节 在管理中营造你的气场 ……………………………………… 178

第八章 中坚掌控力——掌控于全局，决策于万里 ……………… 183

掌控力就是领导、管理者为了保证组织目标的实现，对于下属的实际工作进行衡量和评价，并采取相应措施以纠正各种偏差的一种能力。它包括对资金、市场、消费者的掌控，对事业格局的规划，对权力的运用。找准团队核心的竞争力，说到底，就是对全局的把握，使其时刻处于自己的控制之中。

第一节 要管理就得掌控全局 …………………………………………… 185
第二节 管理者的决策重在拍板 ……………………………………… 188
第三节 管理者要敢放权，会监督 …………………………………… 192
第四节 管理者冒险要掌握一个“度” ……………………………… 196
第五节 时刻准备，掌控未来 ………………………………………… 200
第六节 战略思维决定全局的胜利 …………………………………… 203

第一章

中坚管理力——指挥他人用最好的工作方法去工作

著名的管理专家彼得·德鲁克认为："管理是一种工作，它有自己的技巧、工具和方法；管理是一种器官，是赋予组织以生命的、能动的、动态的器官；管理是一门科学，一种系统化的并到处适用的知识；同时管理也是一种文化。"作为企业的中层力量，管理者的管理力往往决定企业的生命力。

第一节　优秀的管理是战斗力开始

在培训中我经常会遇到下述这些情况：管理者所在部门的工作绩效良好，有时甚至会超出一般水平，但很少能达到优秀。

管理者每周工作五六十个小时，甚至更多，却始终感到力不从心。还有些管理者抱怨下属不够积极，不主动承担任务，对问题缺乏预见性，只是在被动地做出反应。下属对某项工作采取积极的态度，多半因为这符合他们的个人兴趣，而与部门的需要无关。因此，当管理者想让他们去承担别人的工作时，他们根本不听从指挥。员工不愿意为整个部门的利益承担责任。他们只看重自己的小圈子，很少能从更大的范围或是整个部门的角度去考虑问题。

这样的团队是不是让你觉得疲于奔命呢？为什么你所带的团队会这样呢？

其实，不是你不努力，也不是你的下属能力不行，而是你的管理出了问题。

一个企业的成败，关键就在于管理者。那么，作为管理者要采取什么样的管理，才能带领出一支富有战斗力的团队，为公司的发展壮大作出贡献呢？

要带好一个团队离不开以下几个方面。

1. 制度化、规范化、程序化

建立与人员管理相适应的一套科学制度，管理工作和人的行为制度化、规范化、程序化，是团队管理协调、有序、高效运行的重要保证。没有有效的制度和规范，就会出现无序和混乱，就不会产生井然有序、纪律严明、凝聚力很强的团队。

2. 工作标准

工作标准既是业务开展的依据，也是工作的指导书，避免出现随意和偏差。

3. 引导全体员工参与管理

每个员工都是团队组织的一员，如果他们能像管理者一样操心尽力，时刻关切着公司成长，上下心往一处想，劲儿往一处使，管理主客体目标协调，这样的企业肯定会成为优良的团队。全员参与式管理这种形式，吸引着员工直接参与各种管理活动，使全体员工不仅贡献劳动，而且贡献智慧，直接为企业发展出谋划策，则会形成更强大的向心力。

4. 团队的战斗力

战斗力可能是无形的，但又至关重要。它体现在勇于进取、乐观自信、不怕困难、敢于担当等方面。团队具备战斗力的前提是群体内动力得到了激发。缺少这一项，任凭资源足、能力强、制度严、方向对，都未必能确保战斗的胜利。

这种战斗力类似于李云龙所倡导的“亮剑”精神——纵观任何一支战斗力强悍的军队，它都是在一种信仰的感召下，保留并传承着一种精神传统。这个传统是一种性格，是气质。有了这种传统，就好比给军队注入了灵魂，不论岁月流逝、人员更替，精神都能永存，于是就能够“剑锋所指，所向披靡”。

最后一点是强调多样性。战斗力来源于人们对共同目标的追求，而不是某个人的想法或行动。要实现这个共同的目标，就需要鼓励不同的观点、不同的方法，千篇一律的思想和模式没有任何意义。

第二节　营造高效的管理机制

据说，第二次世界大战时，德国军队将士兵分成四类：聪明又懒惰的可做军官，聪明又勤快的可任参谋；愚蠢又懒惰的可当士兵，愚蠢又勤快的赶紧滚蛋。

虽然这个说法有失偏颇，却道出一个高效团队的管理思路和用人原则。而一个团队中有可能存在这四种人，由于团队是由人组成的，所以带好一个团队必须研究和解决的问题是：如何把团队中的每一个人的潜能激发和培养起来，从而把员工变成对企业有价值的“人才”。

北宋名臣司马光的“大匠无弃材，尺寸各有施”与清嘉靖名将杨玉春的“用人所长，天下无不用之人；用人所短，天下无可用之人。”杨玉春用聋子当侍卫；用哑巴当情报员；用瘸子当炮兵。这有异曲同工之妙，它给带团队的管理者如何用人提供了思路，也就是因材施教、用人所长。事实上，高效的管理机制也就是人尽其用。

所以管理者最重要的职责是培养团队所需要人才，就如国学大师翟鸿燊所说的：“领导就是管理者和导师，管理者的价值在于把追随者培养成管理者。”那么怎样培养人才，打造高效团队？

要打造一个高效的团队，就要遵循以下几个高效管理的原则。

1. 注重成果

管理重在追求或取得成果。检验管理是否有效的一个原则是：是否达到了目标，是否完成了任务。当然，这个原则并不是在所有情况下都适用，管理者应该把精力和注意力放在“行得通”的事情上，而不是一刀切。

管理要不断创新才更有效。根据团队发展特点，不断寻求适合团队的管理方式，把管理细化，通过有效的管理集中全体员工的聪明才智，调动一切可以调动的积极因素和力量，这是企业发展壮大的源泉。

2. 利用优点

它指的是利用现有的优点，而不是那些需要重新建立和开发的优点。但在实际工作中，不少管理者总是致力于与此相反的方面，也就是开发新的优点，而不是发挥现有的优点。如果这样，即使管理方法很有技巧，看上去也很科学，但造成的管理失误却是无法弥补的。

3. 专注要点

专注要点的关键在于专注少数真正重要的东西。许多管理者热衷于寻找所谓的“秘方”，事实上这是一种冒险的行为。如果真的有什么“秘方”，那专注要点应该是最重要的。具备专注要点的能力、技巧和纪律性，是效率高的典型表现。

4. 相互信任

如何在自己的部门或组织内部创造和谐、完美的工作氛围呢？有的管理者一板一眼地按照教科书上说的去做，效果却不尽如人意。其实，只要管理者能够赢得周围其他人的信任，那么你所管理的部门或组织的工作气氛就会是和谐的。

5. 正面思维

正面思维的关键在于运用正确的或创造性的方式思考。正面思维的原则能让管理者把注意力放在机会上。其实，发现和抓住机会要比解决问题更重要，但这并不是说管理者可以忽视存在的问题。有效率的管理者能够清楚地看到问题和困难，并不加以回避，而是先去寻找可能的办法和机会。

6. 把握整体

管理者之所以成为管理者，是因为他们能眼观全局，把整体发展视为己任。管理者应该理解自己的任务，不应从自己的职位出发，而应着眼于如何运用源于职位的知识、能力和经验来为整体效力。

总之，高效管理是企业追求的目标。企业通过分层管理，把管理融入日常工作之中，对企业实施全方位管理。高效的管理，能达到一呼百应、令行禁止的效果，使企业成为一个坚强有力的整体。

第三节　成功的管理者，始于自我管理

一代管理宗师彼得·德鲁克说，一个优秀的管理者，首先是一名优秀的自我管理者。李嘉诚曾经说过："想当好管理者，首要的任务是知道自我管理是一重大责任，在流动与变化万千的世界中发现自己是谁，了解自己要成为什么模样是建立尊严的基础。自我管理是一种静态管理，是培养理性力量的基本功，是人把知识和经验转化为能力的催化剂。"而中国先贤认为，无论管理一个部门还是管理一个集团，只是人数不一样而已，管

理的原则都是一样的，并且管理的起点都是自我管理。作为企业的中坚力量，我们如何做好自我管理呢？

在我的培训咨询工作中，我发现很多企业之所以管理不好，无论是员工缺乏工作积极性，还是团队缺乏凝聚力，其根源并不在于管理者“管人”能力的高低，而在于管理者本身缺乏有效的自我管理。

记得，在一次培训课上有一位叫李经理的学员向我提出了他在工作中的困惑。因工作问题与上级偶尔会产生矛盾，因为工作性质，他还受董事长直接领导，所以有时感觉自己很委屈，就找董事长去诉苦，结果董事长听完他的叙述和抱怨之后，每次都是送给他一句同样的话：“我认为这件事责任在你。”即使有时候大家都认为某个问题的责任分明就在这位学员的上级，但是当他找董事长沟通时，董事长最后仍然对他说“责任在你”。

对此，李经理很郁闷，觉得董事长对他有成见。

“其实，你们董事长并不是对你有成见。你想一下，老板花高薪聘请你来做管理，即使问题错在别人，我认为你仍然有责任，说明你没有更高的技巧和艺术对付那些犯错误的人，你说你有没有责任？请记住：好汉怨自己！”

我的一番话，让李经理当头一棒。不过，他最后还是接受了我的建议。后来，李经理来复训，他激动地告诉我，从那以后，无论遇到什么问题，只要没有达到他预期的结果，他首先从自己身上寻找原因，促使他做事的境界和能力不断提升，在处理人事问题和管理团队方面也越来越得心应手。即便后来到其他公司任职，也赢得了下属的尊重，甚至有的以前被他辞退的下属，现在也和他成了好朋友。所以，“管人”的真相就是“自我管理”，当自己做事的境界提升上去了，下属才会对你心服口服，才会自觉自愿地跟从你去做事。

管理自己，我认为有几个方面需要着重注意。

1. 自我岗位职责的分析

首先应该分析自己的岗位职责、公司对自己的职位期望和定位、职位的发展空间及享有资源，理清楚了才能有的放矢。比如营销总监职位，要明白公司对品牌发展（内营销、行业会议、广告宣传、公司信息系统建设等）、销售管理（市场分析、价格策略及推广计划、代理渠道建设管理、销售总结分析等）、客服管理（客户回访机制、客户联谊活动）等方面的要求、现状和资源配置。

梳理清楚每一项具体任务目标和资源，才能切实地将任务分解、细化、制订出具备可实施操作的工作计划，否则方向性思路不清楚，容易顾此失彼、遗漏重点。

2. 自我能力优劣势分析

认清楚自己是为了更好地管理自己。经常性分析总结自己的优势、擅长领域，才能摸索总结出适合自己的管理方式和行为方式。

每个人都有自己的个性及做事方式，所以形成的管理方式也不同。比如有的管理者做事提纲挈领、雷厉风行，这样的中层就需要详细的计划来约束和支撑自己，以免跑得太快，如脱缰之马产生脱节；有的管理者思维缜密、处事谨慎，这样的中层需要多向市场前端和产品一线推进，增加做事张力，提升人格魄力和实践能力。

同为管理者，有的人喜欢听，有的人喜欢说。喜欢听的，管理下属时多采用书面汇报，以免自己没想清楚给下属带来不必要的误判；喜欢说的，管理下属时建议采用口头汇报，及时反馈和表述自己的思路与想法。每个人性格和喜好不同，管理方式也不尽相同，应根据自身情况，选择适合自己的管理方式。

如果你不知道自己的优势，就向身边的人寻求反馈并加以分析，身边五六个很了解你的人谈到的共同点，就是你的优劣势。发现自己的长处，加以利用和发挥，总结自己的劣势，及时改善和提升。

3. 自我时间管理分析

对每个管理者来说，时间都是有限的。除了例行工作之外，每天临时性的工作也会接踵而来（公司会议、客户拜访、临时事务等）。要是没有时间管理和规划，很容易疲于应付、顾此失彼，让自己疲惫不堪。

这个时候，建议你的方法是用工作计划表和工作分类法相结合，有了新的临时工作内容，添加到自己的工作计划表中，按照工作分类法的不同等级，去优化处理。

这就是一个完整的自我管理的过程，是赢在职场的支点。

第四节　用制度管人，而不是人情管理

西方人的制度设计有时候是可以用“精妙”形容的，而且对制度的执行在我们看来近乎呆板，因为人家是讲“法理情”，把法律摆在第一位；而中国人是讲“情理法”，只要自己认为合情合理，不管什么制度，都可以“聪明”地把它回避、歪曲、改造，直到这个制度等于没有。

比如红绿灯制度，在国外，只要有红绿灯，司机就会自觉遵守，甚至红绿灯由司机自己按，因为遵守制度已经融入每个人的血脉中；而在中国不少人对红绿灯视若无睹，一到红绿灯口，尽管红灯亮着，只要左看看没有交警，右看看没有电子眼，再看看也没有行人，司机一踩油门就冲过去了。有些甚至对此感到很骄傲，茶余饭后经常拿出来炫耀：我多么有办法，怕它是谁呀！

任何公司、团队要管理好，不管是东方人还是西方人，都必须实施制度化管理，否则就会出现出事找不到责任人的闹剧。

我在给一家企业做咨询项目中，遇到一位相当精干的组长。他精力特别充沛，经常半夜还召集员工过来开会讨论工作。令人惊讶的是，他的员工竟然对此没有什么怨言。长期以来，员工为了配合他的工作，很多都心甘情愿地牺牲业余生活。你肯定很佩服这位组长的领

导力吧。更有甚者，有一天晚上，他吩咐助理出去办事，等到助理回来时，这路上上了哪趟公交车，在哪站下车，要过几条街道……他可谓了如指掌。可见，这位组长的掌控力也非同一般吧。

可能正是由于对自己“超人”的能力的自信，这位组长却忽视了制度建设。导致的后果是组长管理中挂一漏万，问题层出不穷。比如，那个原材料的管理，平时仓库的材料看似堆得严严实实，可是，当一用到某个关键材料时，往往查遍仓库也没有。原来，仓库管理中缺乏基本的进出仓登记制度。每天的生产计划都安排得满满当当，大伙也忙得不亦乐乎。可是，由于在排单中缺乏灵活应变的机制，总是出现有些重要客户的货赶不出来，经常遭到投诉……人是管住了，事情却做不出结果，这样的管理能称职吗？

从该案例中，我们可以看到没有制度化的管理，管理者就像消防队长，整天到处灭火。由此可见，制定制度的重要性。不过，要让制度成为有效的管理，就必须遵循以下原则：

1. 让制度成为员工的共识

制度是什么？其实，制度就是一种集体的契约。不要让制度变得形同虚设，关键就在于让它回归“集体契约”的本质，即制度是大家的共识。因此，制度只有在充分讨论、协商、吸纳、说服的基础上制定出来，才具有公信力，员工才会去遵守。

对于后来者，又如何让他们自觉遵守先期制定的制度呢？第一是充分地学习、理解。在公司的宣传栏、在团队的黑板、在员工的办公桌，总之一切员工能看见的地方都贴上公司的制度，让每个员工对制度烂熟于心。第二是反复复习，不定期抽查，甚至组织考试，测试员工的掌握程度。

只有反复强调，才能让员工牢记于心，甚至形成习惯。只有这样，员工才能自觉地遵守。

2. 制度的制定必须具有可操作性

不过，在制定制度时，要注意其可操作性，否则，就如同摆设。

有一年，我到某市去讲课，那时该市正在向国家申请卫生城市。我到达该市时，看到他们《××晨报》头版头条报道：为了配合某市申请国家卫生城市，从今日起，凡是在城市街道随地吐痰者罚款50元。看完报道后，我一愣：这个制度有可操作性吗？

晚上去上课时，我顺便将报纸带到会场，现场坐了300多名学员，都是来自不同企业的管理者。在现场我做了一个测试，请10名学员参与，其他学员一起见证。在课间休息时，我让10名学员到马路上，装作不小心在街上吐痰。

你猜结果如何呢？夜半三更，会不会有城管跟上来向他们要罚款？答案是没有。原因很简单，上百万的市民，不可能每一个市民都安排一个城管一天24小时盯着，不让其随地吐痰。

从该案例中，我们看到任何组织制度的设定，必须有可操作性。否则，就是形同虚设，反而影响制度的震慑力以及执行力。

3. 制度的执行必须具备刚性

制度是原则，不是拿来妥协和谈条件的。它是任何一个组织的“雷区”，是不能触碰，更不能被挑战的。只要是触犯了制度，就必须“违法必究”。对此，我们的祖先给我们做出了榜样。

你知道“三令五申”的典故吗？春秋时期，著名军事学家孙武携带自己写的《孙子兵法》去见吴王阖闾。吴王看过之后说：“你的十三篇兵法，我都看过了，是不是拿我的军队试试？”孙武说可以。吴王再问：“用妇女来试验可以吗？”孙武说也可以。于是吴王召集一百八十名宫中美女，请孙武训练。孙武将她们分为两队，用吴王宠爱的两个宫姬为队长，并叫她们每个人都拿着长戟。队伍站好后，孙武便发问：“你们知道怎样向前向后和向左向右转吗？”众女兵说：“知道。”孙武又说：“向前就看我心胸，向左就看我左手，向右就看我右手，向后就看我背后。”众女兵说：“明白了。”

于是孙武使人搬出铁钺（古时杀人用的刑具），三番五次向她们申戒。说完便击鼓发出向右转的号令。怎知众女兵不单没有依令行动，反而哈哈大笑。孙武见状说：“解释不明，交代不清，应该是将官们的过错。”于是又将刚才一番话详尽地再向她们解释一次，再而击鼓发出向左转的号令，众女兵仍然只是大笑。孙武便说：“解释不明，交代不清，是将官的过错。既然交代清楚而不听令，就是队长和士兵的过错了。”说完命左右随从把两个队长推出斩首。

吴王见孙武要斩他的爱姬，急忙派人向孙武讲情，可是孙武说：“我既受命为将军，将在军中，君命有所不受!”遂命左右将两女队长斩了，再命两位排头的为队长。

自此以后，众女兵无论是向前向后、向左向右，甚至跪下起立等复杂的动作都认真操练，再不敢儿戏了。

第五节　管理为主，细化责任

几乎每一家企业都在强调责任的重要性，可事实却事与愿违。

在给一家网络科技公司的咨询中，该公司的营运总监问我：“如何才能招到有责任心的员工？为什么现在有责任心的员工越来越少呢?”

“何以见得呢?”在我的追问下，这位总监给我讲了一个例子。

有一次，他们公司网站上的客户咨询电话号码弄错了。对此，他开早会时特意强调说，电话号码输入错了，麻烦大伙儿在今天将它改正过来。可是，晚上他回家一打开网站，那个错的电话号码纹丝未动，没有人改过。

第二天的早会上，这位总监大发雷霆，但是所有的技术人员都在为自己辩解“忙死了，不是改这个网页就是写那个程序的。”

让这位总监难以理解的是，改一个电话号码是非常简单的事情，一个技术人员用不到 2 分钟的时间就可以完成，难道个个都忙得连 2

分钟的时间都抽不出来吗？客户咨询电话这么重要，难道员工都没有这个责任心主动来做这件事吗？

其实，并非员工缺乏责任感，而是这位总监犯了一个大忌：触犯了“责任稀释定律”。责任稀释定律指的是，责任在人多的环境中，就会像化学溶剂一样被稀释。人越多，责任就被稀释得越多。

1. 责任稀释定律

心理学家曾经做过一次研究：让一个实验者在大街上模拟癫痫病发作，如果现在只有一个旁观者时，病人得到的帮助的概率是85%；而有5个旁观者时，他得到帮助的概率却会降低到31%。

在另外一个实验中，心理学家让实验者在一个建筑物的门底放烟。如果只有一个人在场，报警的概率是75%；如果看见冒烟的是3个人，报警的概率就会降低到38%。

一般来说，人多力量大，人越多，问题就越容易被解决掉，可是这两个科学实验得出的结论完全与此相反。为何会这样？原因不外乎以下两个：

第一，人越多的时候，每个人越感到此事与己无关，所以就高高挂起。大家都会想：“其他人一定会帮忙的，说不定他们已经打电话叫警察了。”每个人都以为责任是别人的，结果是没有人担负起责任。第二，人越多，每个人越感到超出自己能控制的范围，导致每个人都在观望，每个人都在猜测：他们是在玩耍，还是在拍电影？

在团队的执行中，同样的事也是屡见不鲜。上述案例中，那位总监授予员工的责任，就被一群下属给稀释掉了。

如何防止责任被稀释？解决方法就是一定要把责任明确到具体某一个人身上，并且告诉他，这件事很重要，要是误了事，唯你是问！

2. 防止责任被转移

经理们每天一上班，都会碰到无数这样的提问：

“经理，经销商要求我们增加广告支持，我们要怎么办？”

“经理，竞争对手又在搞大规模促销了，我们要不要跟进？”

“经理，昨天你布置我做的事，现在有一些新情况，你看怎么办？”

“经理，这个月我们的产品库存很多，怎么处理？”

……

面对这些情况，经理可能有两种回答方式。一种是，你把具体情况告诉我，让我想一想……另一种是，你干脆直接说：“这么点小事都处理不好，应该……”

这两种回答，结果如何呢？在第一种情况下，员工会时不时地来催促你：“经理，你考虑如何？”如果你没第一时间处理，员工甚至埋怨你：“经理，我们所有人都在等你呢！”在第二种情况下，去检查下属的结果，发现出了问题，经理就责怪问：“这件事情你怎么做成这个样子呢？”下属会很快就顶回来：“还不是按照你告诉我的方法去做的！”

经理困惑了，究竟是谁管理谁，究竟是谁领导谁？

其实，每个人都有“回避风险”的倾向。那么，如何防止责任被转移？

首先，“授渔不授鱼”：多给方向和原则，少给方法。因为指导越细，员工的责任就越少。

其次，重要的事情流程化。所谓流程化，就是确定事先做什么，事中做什么，事后做什么。员工按照流程标准做。

责任重于泰山，责任感反映了员工的工作态度和精神境界。没有责任感的队伍，不过是一群乌合之众。

第六节　消除影响管理的负面情绪

负面情绪比正面情绪更具有感染力，传播起来也更快速。作为一个管理者，一旦了解到团队中有负面情绪在传播，就要意识到这是一个很危险的信号，并加以消除。否则，就会出现以下这家公司的情形。

记得有一次给一家公司的销售部门培训，就听到有员工在团队中这样抱怨：

“培训就是浪费我们的时间。老板有这个闲钱请培训师，怎么不给我们加工资呢？”

“老板太势力了，还不把我们当人看，明明是自己错，还老是指责我们哪里哪里没做对。”

“老板个人素质太差了，能力也不行，要不是靠着某某他的公司早已经垮了。”

……

这样的负面情绪若不消除，就会在团队里面越传越广，最后让员工们陷入这种散漫抱怨的状态中，使工作效率急剧下降。

后来，在培训结束后，我和他们的部门经理聊到此事，他也意识到了问题的严重性。面对管理中的负面情绪，我们应该如何消除呢？

在现实社会中，大部分人都处于持续存在和潜在的负面情绪之中，管理者要管理这种负面的情绪，并将内在的冲突转化为控制能力。为此，我们必须了解和管理负面情绪。

1. 做好一个聆听者，倾听员工的心声

管理者得先做好一个聆听者，倾听员工内心的痛苦和困扰。许多时候部门毒素传播者之所以传递负面声音只是希望有人听他说心里的话，可是管理者却总是不愿意花时间听他说，或是认为他已经做到这个阶段了怎么还会有这样的问题。

但是，如果我们愿意以同理心聆听，并且能够体会他的感受，许多负面的情绪便能在这个阶段获得排解了。

2. 引导员工合理宣泄情绪

除了工作上的管理，管理者还要对员工的情绪进行管理，即引导员工通过正常途径进行情绪宣泄，并为其提供宣泄管道。有时管理者或是中高层的伙伴通常被期待要有能力化解问题和情绪，却没有管道或机会处理内在逐渐累积的负面情绪。

如果能针对管理者开辟特别时段或是课程有效排解负面情绪，在还只

有部分负面情绪时便加以排解，则负面效应便不会持续扩大了。

3. 构思解决方案

许多负面情绪的形成都是因为“问题无法解决”或是“目标无法达成”而产生痛苦。因此，运用我们的影响力提供可能的解决方案，或是在对方无法达成目标之际，检视是否目标设定过于理想，或是用的方法不正确，将“痛苦来源”根本解决。一旦解决了负面情绪，相对也就避免了负面声音的传递。

4. 转移痛苦

当某个问题真的无法解决时，尝试引导负面情绪传播者将发展重点有效转移，不要再在这个问题上一直打转，将焦点转移到更具建设性的事物上，自然有助于负面情绪的解决。

负面情绪与声音对公司的发展会产生很大的阻碍，如果能够做好事前的预防工作，就能成功将不良情绪挡在团队之外。

一旦团队中的负面情绪消除了，那么离管理者打造和谐团队的梦想就不远了。

第七节　适时地向下级授权

一个人的时间、知识和精力都是有限的。如果你想使工作更富有成效，就必须向下属授权。授权必须恰当地进行，否则，你就会因为下属的不得力工作而招来麻烦。

有一次，我在给某包装公司做咨询项目时，遇到这么一个事例。

周经理带的团队有十几个人，那天一上班，他就把当天的工作安排得妥妥当当，于是大伙儿分头干活。

可是没一会儿，就有下属上气不接下气地跑了过来，说："经理，不好了，刚才接到品管部的通知，昨天我们做的货检查不合格，要求我们返工呢，怎么办啊?"

周经理想也没想，就说："快去拉回来返工啊。"

于是，昨天的一大批货就拉回来返工了，而今天的工作计划和任务却丢在了一边。手下十几个人只好无奈地在那里返工，个个怨声载道，其实骂来骂去，骂的都是周经理。

可是正在大家骂骂咧咧的时候，又有一个下属跑了过来，说："经理，不好了，我们部门在返工的时候，其他部门都在拼命地赶今天的货，把原来分配给我们的物料都抢得七七八八了，怎么办呀?"

周经理满头是汗，急得不得了，说："那你要跟他们说一下啊。"下属说："我说了好几遍了，他们不听我的呀，怎么办呢?"

周经理最后无奈地说："那好吧，我亲自去一趟。"

你们觉得这个周经理，冤不冤？当然冤啊！

类似周经理这样的经历，不知你们是否曾遇到过？为什么会出现这种情况呢?

问题就在于管理不懂授权。管理者的合理授权在一定程度上能够提高员工积极性和创造力，这是“团队”的要求。团队工作不是一个人的事而是大家的事，只有工作任务的合理分配和授权才有“团队”工作顺利高效完成的可能性。

然而，在管理实践中，我们不难发现很多管理者在授权这件事上栽过跟头，一管就死、一放就乱，可见，他们对授权仍有迷惑。

1. 对下属的授权应当分工明确

管理者的下属往往不止一个人。在对他们进行授权时，每个人的分工都应当是十分明确的，不能有重叠的部分。在进行授权时，首先应当选择一个最有能力完成任务的人，然后明确地告诉他你授予他怎样的权力，你希望得到什么样的结果，以及在时间上的要求。

2. 不要对完成任务的方法提出要求

除非有特别的原因，管理者在进行授权的时候应当只授权结果。让员工对如何达到目标做出自己的选择和判断，可以增进你与员工之间的相互依赖关系，激励员工的工作热情。

3. 允许下属参与授权的决策

每一项权力都应当与限制相伴随。管理者在授权的时候只是下放用于完成某项工作的权力，而不是无限的权力。怎样来确定完成一项工作到底需要多大的权力呢？最好的办法是让下属参与该项决策，参考一下员工认为完成这项工作需要何种权力的意见。但值得注意的是，过大的权力会降低授权的有效性，因此管理者要注意把关，与完成任务无关的权力不应该下放给员工。

比如，“伙伴们，经过一夜准备，想必大家都有很好的想法，来，大家都来提一提。”于是，下属们就七嘴八舌地讨论开了。

4. 使其他人知道授权已经发生

授权不应当在真空中进行，授权的目的是为了完成任务，而完成任务必然要涉及许多其他的人。不仅管理者和下属需要知道授予了什么权力以及多大的权力，还应把授权的实事告知与授权活动有关联的其他人。不通知其他人很可能会造成冲突，并且会降低下属完成任务的可能性。

5. 对接受授权员工进行监督和控制

没有制约的权力是不可想象的。仅有授权而不实施反馈控制会招致许多麻烦，最可能出现的问题是下属会滥用他获得的权限。

因此，在进行任务分派时就应当明确控制机制。首先要对任务完成的具体情况达成一致，而后确定进度日期，在这些时间里下属要汇报工作的进展情况和遇到的困难。

控制机制还可以通过定期抽查得以补充，以确保下属没有滥用权力。但是要注意物极必反，如果控制过度，授权所带来的许多激励就会丧失。

比如，方案一旦锁定，不可以再有别的声音，不可以阳奉阴违，必须上下一致、左右一致、行动一致、步调一致，共同实施计划，达成目标。

第二章

中坚沟通力——把上下沟通贯彻到管理当中

有一个寓言故事：一把坚实的大锁挂在大门上，一根铁杆费了九牛二虎之力，还是无法将它撬开。钥匙走来了，它用瘦小的身子钻进锁孔，只轻轻一转，大锁就“啪”的一声打开了。铁杆奇怪地问：“为什么我费了那么大力气也打不开，而你却轻而易举地就把它打开了呢?”钥匙说：“因为我最了解它的心。”沟通要从对方的角度出发。在管理当中，沟通的主导责任是管理者自己。

第一节　管理就是沟通、沟通、再沟通

日本经营之神松下幸之助曾说过：“企业管理过去是沟通，现在是沟通，未来还是沟通。”

1. 沟通不畅，管理困难重重

作为一个企业的管理者，想想看，有多少次你喋喋不休地大谈变革计划，而场下应者寥寥；有多少次你真切地希望员工坦诚相对，但他们在你面前缄默不语，出门后却向同事、朋友抱怨自己的意见没有机会得到倾听。沟通不力已经成为团队的一大杀手。

有关研究表明：我国企业管理中70%的错误是由于不善于沟通造成的。目前，国内许多企业在管理沟通方面确实存在许多问题。主要表现在以下几方面。

企业缺乏战略管理，员工对企业没有统一的认识；内部沟通渠道单一或不完善，缺乏灵活性，进而企业内部的信息传递进程缓慢，严重影响了企业的运作进程和决策效率；信息沟通反馈机制不健全，企业内部的沟通发起者根本无从了解信息的传递进程和决策的执行程度；信息不畅，上向下多，下向上不全，横向几乎没有；信息过滤，管理者难以获得全面准确的信息；信息扭曲，管理者无法准确了解情况，不能做出明智的决策……

造成这种状况的主要原因是传统观念的影响、文化背景的影响、企业组织结构不合理和管理者的风格等因素造成的。

《圣经》中有这样一则故事：在古代巴比伦，一群肤色不同的人正在建通天塔，尽管他们当中有黑种人、黄种人、白种人，但由于大家使用的是一种语言，彼此间易于交流与沟通，因此命令传达得既准确又迅速，泥瓦匠间配合默契，一座宏伟的通天塔建设得相当快。这一切上帝都看在眼里，心想：若是让人类如此协调地工作，世界上还有什么事情办不成呢？于是，上帝便施展法力，让不同肤色的人使用不同的语言。由于语言不通，工作指令无法迅速准确地传达，塔上的人需要泥土，塔下的人却往上送水，工地一片混乱，通天塔的建设陷入了瘫痪状态。

建设通天宝塔需要泥瓦匠们彼此间的交流与合作，那么一个部门间的工作也同样需要中层领导与员工、员工与员工之间的通力合作。合作的基础便是彼此间的商讨协调，意见的统一，进而在达成共识的前提下行动。

2. 沟通能力决定你的管理能力

沟通是一种技巧，更是管理者取得成功的秘诀。没有沟通的领导，是死气沉沉的领导，而不重视沟通的管理者，则很难得到员工的支持、理解和爱戴。

沟通一般是指群体中人们之间的思想、观点、信念、意见、感情、愿望以及他们占有的信息资料的交流过程。

沟通可以说是各行业中层领导成功制胜的重要法宝之一。从你开始担任中层领导的第一天起，就应该一直深信不疑：沟通能力和专业知识同等重要。

中层领导必须反复告诉自己两件事：管理实务中没有不可能的事，以及一有机会就增进你的沟通能力。

身为中层领导，每天都必须和员工、上司，以及平行单位的人相处。为什么有些人显得魅力十足，受到高度的欢迎和尊重，而其他的人却令人生厌，大家避之唯恐不及？成功和失败的界限是什么？为什么有些中层领导能使员工们同心协力、共同奋斗，成绩总是令人钦佩，而另外一些人却常常为表现平平而忧心忡忡！

成功的中层领导具有的一个显著特点就是卓越的沟通能力。所谓成功的中层领导，除了自身所具有的优秀素质外，他们的所作所为，都是基于自身拥有一套愿意与所有的员工不断“沟通”的管理哲学。他们似乎十分了解沟通的重要性，无论在社交活动里、在家庭中或工作岗位上，能经常尽情地发挥本身所特有的与人“沟通”的艺术和能力，巧妙地赢得别人的喜爱、尊敬、信任和共同的合作，从而开创了人生的丰功伟业。

“人生成功的秘诀，在于你能驾驭周围的群众。”这是美国前总统里根在一次餐会演讲中，勉励企业精英们追求卓越的金玉良言。

里根说得可真是一针见血。身为中层领导是很难靠一己之力的。你必须经常依赖他人的大力支持和合作，才能完成使命。因此，你本身成功与否，完全取决于你与团队成员、上司、员工与顾客“沟通”顺利的能耐和功夫。

3. 沟通的十大好处

如果你能掌握更多与人沟通的知识，并严格要求自己遵行的话，一定也能够和当今许多杰出的成功人士一样，获得以下好处。

（1）可以充分利用“集体智慧”，并从中产生最佳的决策。

（2）成功地以新的角度来检讨、改善自己的管理风格。

（3）替摇摇欲坠、面临困境的组织找到一条可以重振生机的明路。

（4）对员工的想法、感受有了更充分的了解，能快速和员工们建立更亲密、更和谐的关系。

（5）团队成员都会视团队为生命共同体，大家以团队的成就为喜，以团队的失败为悲。

（6）每位团队成员都很清楚地看到自己和别人的目标、位置，能够更好地互相合作，贡献自己的力量。

（7）使合作关系更能够生根、成长、开花、结果。

（8）下情上达、上情下达，促进彼此间的了解。

（9）更有利于组织间工作的协调，而增进团队的生产力。

（10）创造出一个员工可以激励自己的工作环境。

第二节　无论上下属，做有效沟通的主人

一个企业要想顺利开展工作，就必须上上下下、方方面面开展良好的沟通。如果员工不能领会经理、主管的意图，部门工作就不能顺利进行，那么企业一定会乱作一团。

微软有一个“内部电子邮件系统”，无论在什么地方、什么时间，都可以和在任何地方、包括比尔·盖茨在内的任何内部成员进行联系与交谈。微软的员工认为，这是一种最直接、最方便、最迅速、也最能体现尊重人性的工作沟通方式。

柯达公司进入影印机市场后，成本居高不下，几乎没有利润，而且库存问题非常严重。1984 年，查克担任影印产品事业部总经理后认为，要成为世界级的公司，就必须加强与员工的沟通。

为此，他采取了五大措施：每周和直属部下开会；每月和每个部门员工代表直接沟通；每周与重要干部及最大的供应商开会；每月向员工提供直接与高层管理人沟通的机会；将简洁明快的图表张贴在员工餐厅、走廊的墙壁上，及时报告工作的进度与员工问题的回答。6 个月后，公司终于与 1500 名员工达成共识。公司状况开始出现转机，

库存量减少了50%，部门生产力平均提高31倍。

由此可见，团队没有默契，不能发挥团队绩效，而团队没有交流沟通，也不可能达成共识。身为领导者，要能善用任何沟通的机会，甚至创造出更多的沟通途径，与成员充分交流。唯有领导者从自身做起，秉持对话的精神，有方法、有层次地激发员工发表意见与讨论，汇集经验与知识，才能凝聚团队共识。团队有共识，才能激发成员的力量，让成员心甘情愿地倾力打造企业的通天塔。领导之间、领导与团队之间，沟通是形成领导力的基础。

微软公司有一个非常好的文化叫“开放式交流”，它要求所有员工在任何交流或沟通的场合里都能敞开心扉，完整表达自己的观点。遇到意见不统一之时，一定要表达出来，否则公司可能错过良机。当互联网刚出现时，很多微软的管理者不赞成花太多精力做这个“不挣钱”的技术。但是有几位技术人员，他们不断地提出他们的意见和建议，最终促成管理者改变公司经营方向，彻底支持互联网，终成正果。

其实，沟通就是让每一名干部员工针对一项决策意向，提出自己真实的想法和意见，与其他人员交流协商，为企业制定战略、出台决策提供参考。

但沟通必须是双向互动的，需要双方的密切配合，既要求企业管理者能够创造轻松的沟通氛围，让员工无拘无束，打开心扉；也要求员工能够开诚布公，畅所欲言。

要实现公司上上下下都能进行有效沟通就要做到以下五点：

1. 文字、声音、肢体语言有效融合

从沟通组成看，一般包括三个方面：沟通的内容，即文字；沟通的语

调和语速，即声音；沟通中的行为姿态，即肢体语言。这三者的比例为文字占7%，声音占48%，行为姿态占55%。同样的文字，在不同的声音和行为下，表现出的效果截然不同。所以有效的沟通应该是更好地融合好这三者。

2. 潜意识层面的沟通

从心理学角度，沟通中包括意识和潜意识层面，而且意识只占1%，潜意识占99%。有效的沟通必然是在潜意识层面的，有感情的，真诚的沟通。

3. 进行“身份确认”

沟通中的“身份确认”，针对不同的沟通对象，如上司、同事、下属、朋友、亲人等。即使是相同的沟通内容，也要采取不同的声音和行为姿态。

4. 肯定对方的内容

沟通中的肯定，即肯定对方的内容，不仅仅是说一些敷衍的话。这可以通过重复对方沟通中的关键词，甚至能把对方的关键词语经过自己语言的修饰后，回馈给对方。这会让对方觉得他的沟通得到您的认可与肯定。

5. 先学会聆听，再沟通

聆听不是简单地听就可以了，需要您把对方沟通的内容、意思把握全面，这才能使自己在回馈给对方的内容上，与对方的真实想法一致。例如，有很多人属于视觉型的人，在沟通中有时会不等对方把话说完，就急于表达自己的想法，结果有可能无法达到深层次的共情。

总之，有效沟通使员工对企业有着深刻的理解，他们往往能最先发现企业的问题和症结所在。有效的沟通机制使企业各阶层能分享他们的想法，并考虑付诸实施的可能性。这是企业创新的重要来源之一。

第三节　读懂上级，才能有效沟通

在人与人的交往当中，沟通是不可或缺的一部分；在职场上，上下级的有效沟通，更是你晋升不能忽略的。和你的上司搞好关系，永远是职场人必须熟记的生存守则。提职也好，加薪也罢，你的前途和命运有绝大部分的“股份”握在上司的手里。所以，同上司的关系、沟通是关系到升职计划能否成功的关键。

某公司每天早上开早会，每个部门的负责人都要汇报前一天工作的进展情况及当天工作的计划，总经理再对重点工作进行强调和布置。X主管是一个工作积极性高、计划性强、工作效率高的员工，汇报工作时条理清晰，且能将工作中遇到的困难及时反馈给领导，寻求解决方案；Y主管相对内向，工作认真负责，属于埋头苦干型的员工。汇报工作时非常简洁，只是简单地将工作进行罗列，因为他认为自己的事情应该自己做，不应该麻烦领导或同事，工作中遇到难题不敢提出来，导致某些工作进度缓慢，A部门在有晋升机会时，部门负责人会毫不犹豫地推荐X主管。

案例中的X主管懂得与领导沟通，及时反馈和解决问题，得到部门负责人的重用。而Y主管尽管付出努力，但还是不了解沟通的重要性和沟通的技巧，丧失了晋升的机会。

作为下属，只有保持和领导有着良好的沟通，才能得到有效的指导和帮助，提升自身的工作效率和业绩。同时也可以赢得领导的赏识。那么，应该如何和领导进行有效的沟通?

1. 要拥有良好的向上沟通的主观意识

首先，要当好管理者，先要当好被管理者，作为下属要时刻保持主动与领导沟通的意识。上司由于种种原因而无法顾及得面面俱到，保持主动与上司沟通的意识非常重要，不要仅仅埋头于工作而忽视与上级的主动沟通，还要有效展示自我，让你的能力和努力得到上级的高度肯定，只有与领导保持有效的沟通，方能获得领导器重而得到更多的机会和空间。

其次，要持真诚的尊重上级的态度，上级领导能做到今天的位置，他们付出的艰辛不少，从心里也希望得到尊重和理解。但上级也有缺点和错误，时有失误，可能在某些方面还不如你，如果你因此而自以为是，只能给工作徒增阻力，尊重领导是“臣道”之中的首要原则，要有效表达反对意见，懂得如何善意地向上级表达你的想法懂得如何让上级认可接受你的想法。

最后，要换位思考，如果我是领导我该如何处理此事，最终寻求对上级处理方法的理解。

2. 寻找对路的向上沟通方法与渠道

寻找合适的沟通方法与渠道很重要。我们日常上报上级的日报、周报等在现实工作中常常被我们变成了“忽悠”应付上级差事的工具，如何有效利用日报等常规沟通工具向上达成有效沟通的效果是被管理者要认真思考和对待的问题。

被管理者要善于研究上级的个性与做事风格，根据上级的个性寻找到一种有效且简洁的沟通方式。当沟通渠道被外因所阻隔要及时建立起新的沟通渠道，时刻让上级知道你在做什么？做到什么程度？遇到什么困难？需要什么帮助？

一定要让你的领导知道，不要期盼你遇到问题的时候，领导都能未卜先知且能及时伸出援助之手，有效的沟通是达成成功的唯一途径！其次要掌握良好的沟通时机，善于抓住沟通机会，不一定非要在正式场合与上班时间，也不要局限于工作上的沟通，偶尔沟通其他方面的事情也能有效增进你与上级的默契！

3. 学会沟通与上司成为“好伙伴”

在工作中，有许多过失或不完美都是源于对沟通技巧的掌握程度。比如，由于对上司的指令没有及时反应，或不能迅速贯彻他的意图，从而让他记住你，这就会影响到你在他心目中的形象。良好的沟通秘诀是认真思考、计划和定期检讨，以期能建立良好的习惯，而良好的习惯是一个优秀的管理者必须具备的素质之一。

4. 同舟共济，首选了解你的上司

你和你的上司是“一根线上的蚂蚱”，你们要想成功就得同舟共济。那么如何与上司建立良好的工作关系，并使你们双方都获益多多呢？你要先问问自己下面这些问题。

（1）上司是什么样的人

上司是个只愿把握大局的人，还是个事无巨细绝不放松的人？如果你向一个只愿把握大局的人汇报上一大通细枝末节，那么他就对你烦感。你也许会认为你对某项工作全力以赴，而上司却漠不关心。如果你这样想，就错了。一位只愿把握大局的领导会认为你该把所有基础工作都做好，而他只注重结果，否则对方就不会信任你。如果你能了解上司的个性，那么与他的相处会轻松得多。

（2）我是否在帮助上司达到目标

如果你清楚地知道你的上司想要完成什么任务，你最好能帮上忙，了解那些特别的目标将有助于你更好地掌握部门的发展方向。通过这些信息，你就能采取前瞻性措施来帮助你的上司达到目标，上司也就会视你为部门中有价值的成员，那么当其升迁时，你也会跟着得到提拔。

（3）上司寄予你的期望，你是否了然于胸

其实，也只有少数人被寄予期望，并为他们设定目标。所有人都努力想成为其中一员。如果你的上司是个注重细节的人，你就该简要地写下你认为对方对你的期望是什么，然后送给对方去征求意见。而如果你的上司是个一见纸条就眼晕的人，你最好就你部门中的作用和责任，同对方非正式地聊几次。要记下聊的内容以便经常查阅，并确保你在帮助上司完成目标。

（4）你是否竭尽全力地使你的上司和部门都显得很出色

要知道，如果你的上司显得出色，那么你也会显得出色。你该随时随地想办法使你的上司显得出色。如果你有什么能改善部门工作的建议，一定要让上司知道。但一定要私下与其沟通，且不要与对方发生冲突。如果部门工作得到了改善，你就会得到更多的信任，你在公司的工作会得到更多的支持。

5. 与上级有效的沟通技巧

日常工作中有时候由于沟通方式或时机等不当，造成与领导沟通出现危机，让领导产生误会与不信任时，要及时寻找合适的时机积极主动地给予解释，从而化解领导的“心结”。

（1）适当沟通，不可一味恭维与盲从

尊重上级是每个下属在任何时候都要遵守的原则。所以，在和上级沟通时，要注意维护上级的尊严和权威，沟通要适当。但这并不是意味着你要去恭维上级，正常的上下级关系是建立在尊重领导、支持工作和维护威信上，要做到服从而不盲从。

（2）在上级面前牢骚满腹要不得

中基层管理者的工作是要将高层的决策按要求落到实处，面对的大都是一些琐碎的工作，而且工作量偏大，工作不好开展。在这种情况下，有些管理者就忍不住会发一些牢骚，甚至在领导安排工作时还会闹情绪。但是你要明白，没有一个领导会喜欢那种终日怨天尤人、满腹牢骚的管理者。

（3）要顾全大局，善于从整体考虑

上下级之间因为所处的位置不同，常常会在对问题的看法与处理上产生分歧，不过这些矛盾都是正常的。重要的是，作为下级，你千万不要以自我为中心，而应考虑整体工作，摆正自己的位置，顾全大局，而不只是考虑部门利益，只有这样才能让上司满意。

第四节　打破部门的沟通壁垒

按理说，部门之间地位平等，不存在上下级关系，沟通起来应该比较容易。但现实的情况是，部门之间协调的成本相当高昂。在如今扁平化的企业构架中，跨部门沟通确实是一项重要的工作，但也是一件令人头痛的麻烦事。跨部门协作沟通经常耗费了你很大的精力却没有达到预期的效果，甚至与协作部门反目成仇，结果双方的目标都没有完成，两败俱伤。

在我的咨询工作中就曾遇到一家这样的企业。

该企业效益不错，运营状况也比较理想，但公司员工的满意度很低，客户部门经常会收到客户的投诉案，反映员工办事效率不高，然而这家公司的管理制度相当完善，究竟是什么地方出现了问题，影响到企业的发展？

原来这家公司内部部门众多，沟通不畅，导致公司的整体效率低下。

那么，如何提高公司内部跨部门沟通的运营效率呢？

1. 换位思考，部门沟通无障碍

对于一个部门经理来说，换位思考即应该多了解其他部门的业务运作情况，多从其他部门的角度考虑问题，要理解其他部门的难处。这样才能沟通无障碍。那么，企业能为员工的换位思考做些什么？

首先是可以制定一些制度，为员工创造一些条件实现跨部门沟通，也可以成立跨部门的项目小组进行工作。不过最常做的也是最有效的一招就是实行岗位轮换或者是互相兼职！这既可以让员工学习到多种知识，很好地规划他们的职业生涯，也可以让各部门的员工站在更高的一个职位角度思考问题。

当你的同事不满意你的做法，不配合你的工作时，你应该检讨，从这样的角度去思考问题——“如果不是我看错，也一定是因为我的错才造成他的错”。先检讨自己，站在对方的角度去看问题。

2. 管理者要常“串门”，多沟通

企业内部沟通中有正式沟通和非正式沟通。正式沟通很普遍，在跨部门沟通时经常被运用，如会议沟通。但需注意的是，部门间如果需要沟通较为敏感问题，那么最好能在会议前私下解决，即使迫不得已需要在会议上讨论，也应该先通气。

部门经理们应该常“串门”，要多与沟通对象面谈。现在不少公司的部门都是块状管理，各自为块，部门经理们很少“互访”，用得最多的沟通就是电话沟通。一提到面谈，不少人会说：“每天部门的事让我忙得晕头转向，哪有空去串门闲聊?”殊不知，面对面的沟通会通过丰富的表情，使表达更加准确，可以大大减少信息失真，还可以增进部门间的感情和理解。

在这里要提醒大家的是，部门沟通一定要避免告状式沟通。一旦你发现了相关部门的问题，最好与这个问题的相关部门责任人协调解决，而不能简单直接地把问题转给上司。否则，这样做，对于这个责任人而言，就是“告状”。即使这个问题由上司出面解决了，但以后的沟通协调可能会变得更麻烦。

3. 不怕麻烦，主动沟通

不要以为开完会、发个文件、写个报告就没事了，事后应该随时保持联系，主动了解其他部门的工作进度，掌握最新的情况。不要被动等对方告诉你问题发生了，而是要主动而持续地沟通，预防问题的发生。

总听到这样的抱怨：“事情怎么会这样，为什么不早说?”很多人都有过这样的经验，对方事前都没有主动联系，任由问题扩大，等到无法解决了，才紧急跑来求救。这样导致的气愤也情有可原，但是如果别人不告诉你，你也可以主动去问对方。除了要跟进其他部门的执行之外，还需关注自己的部门状况。首先要确保与属下之间的信息是完全流通的。

要避免这样的事情发生，如有时部门主管之间约定的事情，属下却完全不知情，还在为这事徒伤脑筋；有时则是属下之间彼此协调好的事情，却没有事先告知主管就去做了，主管事后知道却大感不妥，推翻之前的决定，一切又得重新来过。其次，要跟进属下在与其他部门沟通时是否遇到了某些困难，你可以主动询问员工，是否需要你出面联系，以便尽早发现问题、尽早解决问题。

4. 部门沟通要以结果为导向

部门员工和管理者必须抛弃以自我为中心的盲点，要以结果为中心，或者说以结果为导向。

我在很多次的培训中，都会请学员做一个练习题。下面这张图画的是什么？

练习要求的规则很简单：①请一个学员描述他看到的东西。②让大家根据他的描述，把结果画出来。

在每次的练习当中，学员都是来自不同企业不同部门的人员。练习的结果会出现什么有趣的情况呢？一些技术出身的人，会用一套非常专业的技术语言来描述。比如说一个单位圆，跟另外两个正方形的邻角相交等。结果是，该技术部门的人员都能根据他的描述把图画出来，而其他部门的人却画的七错八错。当给识字不多的清洁工来描述的时候，反倒大家都画出来了。

为什么一个技术员描述时，大家画不出来，而一个识字不多的清洁工一描述，大家都画出来了？原因就是，当技术水平高的员工看到这张图的时候，他大多会采用技术语言去描述，而当一个清洁工去描述的时候，他没有什么技术语言，只能用大白话，所以反倒大家都懂。

而练习题要求的结果是什么？是要通过你的描述让大家都能把图画出来。

这种现象非常值得思考。为什么跨部门的沟通经常出现理解偏差的现象？原因就是各部门都站在自己部门的立场和角度，都在以自我为中心，反倒把真正要的结果抛诸脑后了。所以，在跨部门沟通时，必须以结果为导向，思路倒推，指导各自沟通的切入点。

5. 营造沟通的氛围

跨部门沟通还有一个最为明显的障碍是企业缺乏一种氛围，很多企业的企业文化没有鼓励沟通的内容。因此，管理者如果想打造一个优秀的团队，各部门之间不会因为沟通不畅而内耗的话，就应努力在企业中营造一个良好的沟通氛围。

比如很多员工在企业内部不愿意去沟通，这有可能是他曾经因为主动沟通而遭受过打击。因此，管理者应该为员工营造一个交流的平台，能包容各种不同意见，不要随意打击下属的积极性。

6. 牺牲小我，成就大我

有部门就必然存在部门利益、小团体利益。尽管大家理论上都知道要摒弃小团体利益，要从公司整体来考虑问题，但一旦公司利益侵犯到部门利益时，这个部门一般都会自觉不自觉地维护部门利益，而不是简单地首先牺牲小团体利益。这是人的自利本性造成的，即使部门经理不想这么做，但迫于部门基层员工的压力也不得不这么做。这个问题的根源在于两者利益的不一致性，或者说是两者的目标是不一致的。

为此，应该整合那种各自为政的部门目标，使部门的各个目标与组织的总目标同心。如很多大公司给部门设定预算目标时，都采取公司内部的计算依据，这样便于考核。但显然这种内部的计算依据是不面向市场的，也就是说部门的预算目标不是面向市场，而公司是面向市场的，它们的方向就明显的不一致。这种公司设置的指挥棒方向性不一致，直接导致部门和企业的想法不一致，“志不同，不与谋”，故而沟通难以为继。

总之，一个人能否成功，很多时候“功夫在诗外”，除了知识、技术和经验外还决定于人际关系。尤其是部门管理者，沟通能力所占的比例要大于业务能力。管理就是沟通，沟通能力强的人更善于管理。

第五节　同理才能同心，沟通需要同理心

在与下属、上级沟通，或者跨部门沟通中，管理者往往觉得说的话很有道理，却不能达到沟通的效果。那是因为管理者忽略了良好沟通效果所需要的前提——同理心。特别是在中层管理人员每天遇到的沟通协调问题上。

同理心是站在对方立场思考的一种方式，就是在沟通时把自己当成沟通对象，站在对方的角度看待问题。因为已经换位思考，所以也就很容易理解和接纳对方的心理。说起来很简单，但做起来却常常被忽略。

员工在工作中因为某件事发生了矛盾，可以试着想想“如果我坐那个位置上，也要这样做”，这就是同理心的表现。但是仅仅站在别人的角度来看问题是远远不够的，它还有更深层面的东西。我们把同理心分为两个层次。表层的同理心就是站在别人的角度上去理解，了解对方的信息，听明白对方在说什么。做到这一点，就达到了表层的同理心。深层次的同理心是理解对方的感情成分，理解对方隐含的成分，才是真正听懂了对方的“意思”，才是深层的同理心。

你的下属小李，是个很优秀的销售代表。在公司业绩领先，但他最近有点消沉。下班以后，在办公室，他找你聊天。小李说：“我用了整整一周的时间做这个客户，但客户的销售量还是不高。”

这时，作为销售经理的你要怎么理解这句话，怎样来回应呢？你是点头倾听，还是一起来抱怨销售政策？其实同样的这句话，其中蕴藏了很多种不同的感情成分，有抱怨、无奈、表达建议、征求建议、希望指导等。能听懂他表面的意思是初级水平，关键的是听懂他这句话背后隐藏的内容。下面是用不同的方式说：

“用了一个星期的时间，客户的订货量还是不高”的事实。看看不同的说话方式表达的意思是否相同。

小李说：“嘿，我用了整整一个星期的时间做这个客户，也不知道怎么搞的，客户的订货量就是不高。”这样的说法，小李可能表达的是无奈，他不知道怎样来做这个客户，他已经没有办法了。

小李说：“看来是麻烦了，我用了整整一个星期的时间，做这个客户，客户订货量还是不高。”这样的说法，可能对方是想切换这个客户了，可能小李心中已经有后选客户了。

小李说："说来也奇怪，我用了一个星期的时间做这个客户，销量还是不高。"这样的说法，可能小李想从你这里得到建议，希望和你探讨一下，怎样做这个客户。即，对方表达的"信息"是同样的，但是因为表达的语气不同，所以带给你的感受是不一样的。

在实际工作中，我们给对方回应最多的是"给出建议"。当对方只是向你抱怨的时候，你给出了指导的建议。这时小李心里会怎么想呢？他可能想："就你厉害，难道我不知道怎么做业务吗？你又不是经理，上个月你的销售额还没我的高呢，凭什么指导我？"但是他不会和你说的，表面上他会附和你的说法，很可能其中有很多不耐烦。最后的结果是你好心帮他，可是还落下了坏的印象和一个"好为人师"的绰号。

当小李无奈的时候，可能对客户的能力有怀疑。可能需要和你分析一下客户的实际情况和公司的策略，这个时候你只要安慰和一起分析就可以了。

当小李想切换客户时，可能是对直接切换的信心不足，需要你给他鼓励。这个时候你只要鼓励他，并分享你曾经切换客户的经验就可以了。

当小李在抱怨时，他其实自己知道怎么做，就只是想发泄一下而已。这个时候他需要一个很好的倾听者，你只要听着就可以了，适当的时候也可以发表一些无关痛痒的抱怨。

当小李是真正寻求你的帮助的时候，你可以和他一起来分析这个市场的情况，给出你的建议。但是要说明，仅仅是你的建议而已。

在沟通中，光有表层的同理心是远远不够的，管理者还要有深层的同理心，这样才能真正听懂对方的“意思”。尤其是我们中国人，不善于表达自己的思想和观点，很多情况下是让对方懂暗示，让对方“猜”。如果不知道通过“感情成分”和“隐含成分”来了解真实的信息，就会造成沟通的障碍。

那么，如何将同理心应用在沟通上，一般来讲应该做到“两同步”，即心理情绪同步和身体状态同步。

1. 心理情绪同步

心理情绪同步就是沟通时和对方保持同样的心理和情绪，即对方快乐你就要高兴；对方悲伤，你就要难过。这样才能更好地获得对方的认同和好感，更加容易沟通。要想做到心理情绪同步，要注意两点，一是与对方沟通时要懂得换位思考，揣摩对方的心理感受；二是说出这种感受，并与对方积极探讨。如有人跟你说：“我手机丢了!”他的心情是什么？是难过、悲伤。你怎么同他做到心理感情同步呢？你要非常低沉地说：“我想你一定很难过”。这就是同理心的表现了。

在这个提倡竞争时代，人与人之间的感情是比较冷漠的，所以很需要这种同理心，尤其是产生争执的时候，要想同步就更困难了。因为当人们争吵的时候，情绪都很激动、讲话都很尖锐，根本管不了他人的感受。当对方说：“我觉得你真的很自私”的时候，你很习惯的就会反击说：“那你呢？你就不自私吗?”但是当你用这种方式来回应对方的时候，你们的沟通往往就会变成一种互相攻击的情况。

如果你能感觉到他在生气，而你说：“我想你现在很生气，因为你觉得我很自私”。然后你可以说：“但是我很想知道，为什么你会觉得我自私呢？我到底做了哪些事情让你觉得我很自私？”这就是良好沟通的开始了。你不反击，你同理了对方的感受，且平静地询问对方生气的理由，这样的沟通已经成功了一半。

2. 身体状态同步

身体状态同步主要包括语言文字同步、语调语速同步和肢体语言同步。

（1）语言文字同步

语言文字同步就是双方有共同语言和说话特点。相信每一个人都喜欢与自己有相同观点的人交朋友，聊天，沟通，工作，等等。谁都不喜欢和没有共同语言的人一起工作或相处沟通。和年轻人沟通要多讲时髦的话，和老年人沟通就必须采用稳重传统的字眼，和工人农民说话就要淳朴直爽。

（2）语调语速同步

工作和生活中，有的人语调高昂，有的人语调低沉，有的人说话速度比较快，有的人说话速度比较慢。甚至同一个人在不同的场合和心情下在语调语速上也会有很大的变化。比方讲：当你高兴的时候，你会喜欢别人说话的时候能够和你的声音一样的夸张，而不会喜欢扭扭捏捏的人，也不会喜欢在你高兴的时候有人跟你说话的声音像哭泣。因此在沟通交流时我们要根据对方的说话特点和心情好坏随时做好调整，和对方做到语速语调的同步。

（3）肢体语言同步

在沟通过程中，很多人喜欢做一些经常性、习惯性的肢体语言动作。

有些人喜欢挠头，有的人喜欢皱眉。如果你的肢体语言动作与对方一致时，就很容易与对方建立一种亲和力，这就是我们所说的肢体语言同步。别人弄弄头发，你马上弄弄头发，别人扶扶眼镜你也扶扶眼镜，别人扶扶领带，你跟着扶扶领带。后来我便把这个方法应用到培训课堂上。在课堂上，我要求学员寻找模仿对象，开始的时候学员觉得有点怪异，后来很快就喜欢上了相互模仿了。因为模仿使得他们的距离很快就拉近了，并且在交谈的过程中彼此感觉特别的亲切，这就是肢体语言同步的魅力所在。当然了，模仿不能同时进行，同步不是同时，要间隔5 ~7 秒才有效果。不然就容易被人误认为是疯子。

总之，在沟通时，要用同理心、与对方同频道。这样，良好的沟通就开始了……

第三章

中坚解决力——管理者是问题处理能手

解决力，顾名思义就是解决问题的能力。优秀的解决力是指当问题接踵而来而且复杂度不断升高时，能够系统地找出问题的成因，对症下药，以最有效率的方式解决问题。

管理者解决问题的能力，就是结合企业的愿景、战略和岗位职能，运用观念、规则、工作程序方法等对客观问题进行分析并提出解决方案的能力。

第一节　中层就是消灭企业危机的防火墙

西方有一句管理格言：危机就如死亡与税收，对于企业及组织来说，都是不可避免的。可见，在企业的经营过程中，管理者会遇到各种各样的危机。如果不善于危机公关，则会让企业错失良机，甚至陷入误解、敌意、小道消息和负面报道的无底深渊！如果企业管理者懂得危机处理、危机公关的方法，那么就不仅可以帮助企业顺利渡过难关，而且还会使自己脱颖而出，树立威信。

那么，管理者如何帮助企业，化危为机呢？

1. 正确认识危机

危机不可怕，可怕的是对危机的畏惧。只有藐视危机，才能最终战胜危机。机会与风险同在，如果风险没了，机会也就没了。所以，危机即转机。

20 世纪末，一个叫彼德·杰克逊的年轻导演找到了好莱坞的新线影业，说他要筹备拍摄一个史诗大片，可能分为上下集。其实，之前杰克逊就到处游说这个大项目，即使这部片子的原著有点名气，但没有一家好莱坞公司愿意接拍。原因就在于该片子没有一线的大明星，加上彼德·杰克逊又不是大导演。新线影业的总经理罗伯特·谢伊竟然问道："据我所知，该原著分三部，为什么不拍成三集呢？"

彼德·杰克逊当时惊讶万分，简直不敢相信自己的耳朵。谢伊这句话说得轻松，但是心里很清楚：自己是在赌上身家性命。万一片子输了、票房惨淡，新线影业肯定会被母公司华纳公司吞并，自己跟着下岗，整个职业生涯将就此终结。由于三集电影同时拍摄，只要第一集搞砸，后面两集立马会成为没有人要的臭鸡蛋。

有胆有识的谢伊，最终还是赌对了。由他制片的这个大项目，也就是《指环王》系列三部曲，共耗资 3 亿美元，全球票房总计高达 20 亿美元，实际票房毛收入高达 60 亿美元，并在奥斯卡获得史上最多的 11 项大奖。

2. 把危机化解在萌芽阶段

面对信息传播方式的变革，企业的危机公关工作遇到了巨大的挑战，调整、改进危机公关工作，加强危机的事前、事中、事后管理是企业得以生存和发展的必由之路。加强危机事前管理可以及早发现危机因素，并且采用相应的方式消除这些因素，把危机化解在萌芽阶段。这种事先预防，对于管理者来说是最经济、最有效的手段。

3. 面临风险，做出决策

危机对于任何一家企业来说都是重大的考验，面对危机的压力，每个管理者都面临风险的决策。如果决策得当就可以控制住危机之火的漫延，而决策失误可能会给企业带来严重的后果。因此，当危机来临之时，管理者要冷静分析形势，权衡各方利益格局，从而在复杂的利益与情感的博弈中做出最正确的决断。这正是在这种危机四伏的时代中，每个管理者都必须培养的关键管理力。

海尔的前身是青岛市一家濒临倒闭的小厂，最困难时企业已发不出工资，剩下几百名人心涣散的员工。张瑞敏正是在这时“藐视一切困难”，担起了这个重担。他进厂后，先是用 13 条纪律杜绝员工的不良习惯，又借钱给员工补发工资，稳定了军心，接着引进德国“利勃海尔”技术，向着国内电冰箱第一品牌的目标迈进。

“困难像弹簧，你弱它就强”，张瑞敏带出的队伍没有被困难压倒，将海尔建设成一家大型国际化企业集团，多次蝉联中国最有价值品牌第一名。

管理者决策时，既要有勇气和魄力，也要有眼光和智慧；既要小心前进途中的陷阱，更要有把握巨大机遇的能力。

4. 危机事件需要集权管理

集权化的实质就是要在企业内部建立起一个职责清晰、权责明确的危机公关机构。因为清晰的职责划分是确保危机管理体系有效运作的前提。同时，企业应确保危机公关机构具有高度权威性，并尽可能不受外部因素的干扰，以保持其客观性和公正性。简单地说，就是危机发生的时候，人们需要有人站出来领导，人们需要的是指示和命令。告诉我发生了什么，告诉我应该怎么做。

5. 畅通的信息沟通渠道

从某种意义上讲，危机战略的出台在很大程度上依赖于其所能获得的信息是否充分，而危机战略能否被正确执行则受制于企业内部是否有一个充分畅通的信息沟通渠道。如果信息传达渠道不畅通，执行部门很可能会曲解上面的意图，进而做出与危机战略背道而驰的行为。

有效的信息沟通可以确保所有的工作人员都能充分理解其工作职责与责任，并保证相关信息能够传递给适当的工作人员，从而使危机公关的各个环节正常运行。企业内部信息的顺畅流通在很大程度上取决于企业信息系统是否完善。国内企业应加强危机公关的信息化建设，以任何理由瞒报、迟报，甚至不报的行为都是致命的。

可口可乐在危机发生后几小时内就可以联络到总裁，不管他正在进行高级谈判，还是在加勒比海度假，这是可口可乐严密高效的组织协作的体现。

6. 危机管理体系

多年的咨询顾问与管理实践经历，使我目睹了很多的企业触雷崩溃乃至重伤的事件。所有这一切都暴露了企业的危机公关意识不强，远没有达到像海尔提倡的“如履薄冰，战战兢兢”的敏感意识。

潜在危机如果处理不慎，就会全盘皆输，甚至连翻身的机会都没有。所以我提倡管理者将危机公关纳入到管理工作当中去，建立一套严密的管理危机的体系，以适应现代企业的健康良性发展之需要。

有效的危机管理体系是一个由不同的子系统组成的有机体系，如信息系统、沟通系统、决策系统、指挥系统、后勤保障系统、财物支持系统等。所以，企业危机公关是否有效，除了取决于危机管理体系本身，在很大程度上还取决于它所包含的各个子系统是否健全和有效运作。

任何一个子系统的失灵都有可能导致整个危机管理体系的失效。如果一个公司的总裁是在吃早餐时看新闻才知道危机来临的话，可能丰盛的午餐已经痛苦地丢失了。

总之，风险和危机不随人的意志为转移，该发生时必然发生，只不过有时我们可以控制某些危机。危机不幸发生时，使遭受的损失不至于达到致命的程度。也就是说，管理者则要用智慧使这些不幸的结果最小化。最后，希望企业管理者与危机公关从业人员重视危机公关，提升危机公关能力！

第二节　要创造效益，必须解决问题

当企业遭遇“冬天”，有坏消息传出的时候，员工间很容易人心浮动，正常的工作秩序很容易被打乱。这时候，敬业者总会在节骨眼儿上振臂高呼，稳定一下大家的情绪，在灰暗的日子里带来一些好消息，给大家鼓劲。以组织为重、敢于临危受命，无疑是一种难得的敬业精神。

1. 临危受命，创造奇迹

美国“钢铁大王”安德鲁·卡内基，最初是铁路公司的一名电报投递员。有一次节假日值班时，他接到了一份紧急电报，说附近铁路上一列货车车头出轨，要求各班列车立即改道行驶。由于是节假日，卡内基怎么也找不到可以发送电报的接线员。根据当时铁路公司的规定，电报投递员如果擅自冒用接线员的名义发报，将被立即革职。

卡内基清楚不能违反规定，但是人命关天、形势紧迫，他没有多想，利用自学的发报知识迅速敲下发报键，以接线员的名义下达命令给班车的司机，让他们立即改道，避免了多车相撞的恶性事故发生。第二天上班，卡内基将辞职信递到上司办公桌上。上司将卡内基叫到办公室，当着卡内基的面将辞职信撕毁，拍着卡内基的肩膀说：“我们需要你这样能把分外工作干得出色的人！”

电视剧《亮剑》中的赵刚在独立团中，除了配合李云龙的工作，主要任务是从全局出发，做士兵们的思想工作。思想政治工作最忌空泛，不能靠说教。一个优秀的军队政治工作者除了要掌握优良的军事技能，还要具备一定的文化素养和人格魅力，军队政治工作者要靠人格的力量去打动别人，要对周围的干部战士产生一种亲和力和凝聚力。

军队里大多都是些“没念过书的泥腿子”，赵刚主动改变自己，和这些人打成一片，跟着他们说脏话，跟着他们大碗喝酒，用自己随和、宽容、豁达的儒将风范感召着团里的弟兄们。队伍里的士兵们崇敬李云龙用兵如神、打仗神勇，却害怕他的火暴脾气。赵刚恰恰弥补了这一点，替李云龙塑造好的团队形象，这才让独立团真正地“生龙活虎”起来。

2. 效益来自勤奋的员工

当企业遭遇危机时，员工很容易滋生负面情绪：担心减薪、担心裁员、担心前途受影响。人心难免浮动，正常的工作秩序很容易被打乱。这时候，企业需要一位有魄力、有担当的管理者激励员工奋起努力带领企业走出困境。

1978 年，艾柯卡受聘到克莱斯勒汽车公司出任总经理。当时克莱斯勒濒临破产，艾柯卡要收拾的是一个烂摊子，烂到什么程度？在《艾柯卡自传》中他回忆道：“进克莱斯勒之前，如果我知道摆在面前的任务是如此艰巨，即使把全世界所有的钱给我，我都不干。”

不过，既然来了，就要干出个样子来。艾柯卡走访了克莱斯勒所有的工厂，与工人进行面对面的沟通，稳定住大家的情绪，告诉他们："艰苦的日子一旦来临，除了做个深呼吸，咬紧牙关继续前进之外，实在别无选择。"他还主动把自己的年薪由100万美元降到1000美元，这1000倍的差距，使艾柯卡超乎寻常的奉献精神在员工面前闪闪发光，很多员工因此感动得流泪，也都像艾柯卡一样，不计报酬，团结一致，自觉为公司勤奋工作。不到半年，克莱斯勒公司就奇迹般地起死回生，而艾柯卡本人四年之后，也由总经理变成了董事会主席。

自觉服从组织安排，维护组织利益，认真执行上级交代的任务，向组织证明你的价值，就能立于不败之地。

3. 以卓越的能力改变公司的困境

丽丽所在的公关部原有七人，2008年公司经营状况不好，需要裁员。丽丽始终默默无闻，只管付出不问收获，一直没有好好地在老总面前表现自己，老总也一直以为她没有什么能耐。人事部提前一个月就给丽丽下了辞退通知，丽丽好像当头挨了一记闷棍，半天也没回过神来。她怎么也没想到，两年多的努力不仅没有得到承认与尊重，反而被辞退，实在有点不甘心。

后来，一个和公司即将签约的大客户提出要到公司来看看后再签约，一旦和这家大客户签下长期供货合同，至少半年内全公司衣食无忧。这个客户是一家大型合资企业，同来参观的人中有几个是日本人，并且还是这次签约的决策人物，这是公司没有想到的。见面时，因双方语言沟通困难，场面显得有些尴尬，就在公司老总感到为难之际，丽丽不失时机地用熟练的日语同日本客人交谈起来，为老总排忧解难。丽丽陪同客人参观，相谈甚欢，她凭借自己良好的表达能力和沟通能力，丰富的谈判技巧和对业务的深入了解，终于让公司顺利地签下了大单。

丽丽随机应变的表现，以及熟练的日语会话能力，让老总对她大加赞赏。她在老总心中的分量也悄悄发生了变化。一个月后，丽丽不仅没有被辞退，还暂时代任公关部经理。

4. 把组织的事当作自己的事

企业的发展离不开员工的支持和配合，员工的工作能力与工作表现才是企业的安身立命之本。也许你正在做着跟丽丽一样普通平凡的工作，但是绝对不要有“怀才不遇”的愤世嫉俗心理，而是要把心态放平和，多跟自己说“船到桥头自然直”，把本职工作做到位了，组织自然会重视你的付出。

当年朱棣起兵，想从侄子朱允文手中夺得皇位，他身边最重要的军师是姚广孝。在众人的眼中，朱棣从小就跟一群将领在战场上出生入死，朱允文却是一个文弱的孩子。朱允文虽然不会带兵打仗，但他手下却有一些尽忠职守的大将。朱棣的仗打得一点儿都不轻松，还有几次险些送命。多亏了军师姚广孝在他身边，不断地给他打气。当济南城久攻不下时，朱棣损失惨重，几乎丧失了前进的勇气。他苦笑着对姚广孝说：“此次靖难如此艰难，实出意料，若与大师一同出家为僧，倒也不失为一件乐事。”

听到朱棣的这番话，姚广孝竟然一把抓住朱棣的衣袖，近乎咆哮地对朱棣喊道：“殿下，已经无法回头了！我们犯了谋逆之罪，已是乱臣贼子，若然失败，只有死路一条！”姚广孝在“训斥”完朱棣之后，为其出谋划策，建议放弃济南，直取徐州。这条计策使朱棣打开了通往京城的大门。这正是“把组织的事，当作自己的事”。

组织在追求卓越的路上，注定充满艰难险阻，在资金方面、人力方面、资源方面都是困难重重。要想解决这些问题就需要群策群力。个人对组织是否敬业和忠诚，便在此刻立竿见影。

第三节　构建解决型团队

“不怕狼一样的对手，就怕猪一样的队友。”一个好的领导能善用团队中每个成员的优点并将其发扬，结合有效的团队管理，培养出一群善于解决问题的人，而不是自己去解决所有问题！

丰田的精益生产方式被誉为业界的典范和标杆，为丰田创造了令人乍舌的巨大利润，并被其他企业争相研究和学习。丰田的生产模式为什么有如此强大的吸引力和生命力呢？它的强势究竟是什么呢？

有三个层次，初级者认为“减少库存”；中级者理解为“发现问题、提高生产率、提升产品质量”；高级者则认为“在为解决出现的问题而反复作业期间，没有发现问题会产生不安，大家都拼命地发现问题”。

在一个企业中，上至老板，下至最基层的职员，不论他的工作是简单还是复杂，问题总是避免不了的。而设法去解决这些问题，才是工作的核心内容。

那么，作为管理者如何打造出“主动解决问题型的团队”？我认为主要从以下方面着手：

1. 培育和强化“主动解决问题”的团队文化

与时俱进完善企业文化建设，培育和强化“主动解决问题”的团队文化，鼓励员工善于思考主动解决问题。团队文化是团队的核心价值体系，一般来说，各公司的企业文化并不相同，但归纳起来通常包含以下四点，分别是以顾客为中心、团队协作、平等对待员工和激励及创新。在全球化的今天，市场竞争日趋激烈，管理者应该与时俱进，在坚持上述价值观及自己独特而珍贵的价值观同时，应该为企业文化注入下列新元素：

第一，强调员工和组织终身学习，鼓励吸收新知识、新信息，永保最强的竞争力。

第二，鼓励员工善于思考、多实践，主动解决问题。管理者不断挖掘企业在创立和成长期间包含上述价值观或全球化竞争要求的价值观，为企业文化增添更具竞争力的价值观，营造以公司中长期战略目标为导向，鼓励员工善于思考，主动发现和解决工作问题，致力于达成工作目标的文化氛围。在日常教育和工作中，管理者应不断向员工宣传像企业哲学中“主动工作”等隐含“主动解决问题”的价值观，鼓励员工在工作中勇于学习自我提升，积极主动，不等待别人解决问题，不指责别人，敢于承担责任，一切从自己做起，形成大家勤思考、主动解决问题的良好的工作气氛。

2. 举一反三，找出问题的根源

在解决问题时，管理者要注意引导员工，不要只是单纯地解决问题，而应该到问题中间去寻找原因，摸清其中存在的规律，同时举一反三，尽力避免再发生同样的问题。人不能在一个地方重复跌倒，而对想做出事业的人来说，如何让同类问题不在自己身上重复发生是非常重要的。对问题的简单处理，对于解决当下的问题，可能会节省时间，但想一想，若是不能杜绝同样的错误发生，你又付出多少时间啊！

一个人不论有多高的专业水平，都可能出现失误。相反，一般人若能仔细观察，总结自己遇到的问题，举一反三，也可能使自己的见解越来越深。但是，如果只是解决表面问题，下表面功夫，却不寻根问底，不从根本上去解决，这样下去的结果，往往还会因为基础上的问题没有解决，而导致问题的复发。问题若是不能彻底解决，无论你能多快地解决问题，都是浪费时间。

此时，就需要管理者知道问题产生的原因。找出问题的根源，并不是那么困难，关键要看我们有没有那种意识。或许低头一瞬间，稍稍反思之后，我们就能够找到问题发生的根源。我们需要具备一种善于寻找规律并把握规律的素质。

所以，管理者需要做的就是先要帮助员工树立追求问题根源、防止问题再次发生的精神。一次性解决问题，这样的话，通过逐渐累积，你可能不会再犯错，那行事自然更加高效了。

当竞争的人很多时，哪种人能够获胜？当然是出现错误最少的人。那

么，怎样才能减少错误发生的概率呢？

3. 减少错误发生有诀窍

一个有效的途径便是出现问题时，不要满足于单纯地解决问题，而应该扩展视野，找到问题出现的深层次原因，杜绝再次发生类似问题。通常，团队通过以下几个步骤的循环可以实现解决问题的目的。

（1）寻找信息

当团队面临某个问题时，管理者要带领每位小组成员积极地从组织内外寻找信息，而非个别人（如领导者或市场研究员）担此责任。

（2）共享信息

组员间互享信息、观点与经验，而非仅仅与有限的几个人或小组领导交流。人们旨在及时准确地汇报有用信息，将暂时无用的信息推迟到更佳的时机来处理或是储藏起来。

（3）分析信息

管理者要动员组员分享自己对信息的理解和诠释。通过这样的集体讨论，员工们会看到更复杂更多样的观点。小组中并不一定能达成共识，但这样做能加深人们对问题的理解，拓宽人们的思路。

（4）采取行动

组员根据共同讨论和分析得出的结果来采取行动。当他们对问题形成新的看法，他们就有权做出相应的改动。

（5）评估与总结

团队成员根据一定的标准对行动的结果进行评估，分析与总结其中的经验教训，从过去的经验中学习。管理者反思自己的行为，同时也帮助下属反思，有时还要针对反思过程进行反思，形成“双环路学习”。

第四节　让自己成为员工眼中的专家

不管你在企业中处于什么位置，学习是工作的核心。知识和才能需要积淀丰厚，更新及时，不断与时俱进。在发展路上缩短准备期，延长创造期，才能取得更多的成果，作出更大的贡献。

1. 专家是如何修炼成的

在工作中，身为管理者要经常对自己进行“清仓”“盘点”，看看自己学了多少知识，这些知识在实际工作中用起来行不行？特别是作为中层管理者，学习尤为重要，带领好团队，成为员工眼里的专家。

钟道隆是解放军通信领域的一名技术专家。在45岁那年，他随团出国考察。考察时，他深感自己英语水平太差，于是下决心学习英语。从此，钟道隆坚持每天听写，3年里听写的记录稿放了一柜子，听坏了录音机9台、收音机3台、单放机4台。功夫不负有心人，经过不懈地努力，他不仅达到了能听能说能翻译的水平，还编写出版了《英语学习逆向法》《听遍全世界》等书，发明了复读机。

在52岁那一年，面对现代信息技术的蓬勃发展，钟道隆敏锐地感觉到电脑在工作、生活中的重要性，又发愤学习电脑。通过学习，他不仅能熟练使用电脑，还写了《巧用电脑写作与翻译》等书，发明了《钟氏输入法》。

电视剧《潜伏》中，有这样一个情节：与余则成失散后的翠平，把脸上抹黑，混在一群农村妇女中。一位官太太过来选佣人，站出来一大堆妇女，问到“谁会认字”，立刻淘汰一批；再问“谁会打麻将”，翠平一下子脱颖而出。翠平想起曾经很恼怒余则成让自己学习麻将和认字，没想到在这种场合派上用场。艺多不压人，多学点东西，放在任何工作中都是真理。

2. 不学习，经理人也会被淘汰

如今的职业学习，不再是在教室里或者上岗前的孤立活动，管理者可以在工作之余学习。工作中，管理者应该经常对自己进行“清仓”“盘点”，看看自己学了多少知识，这些知识在实际工作中用起来行不行？在这个岗位用得可以，换个岗位还行不行？常想想这些“行不行”，学习知识和提高本领的愿望就会更加迫切。

《西游记》里的孙悟空，当初学艺时是很踏实很用心的，全然没有后来的飞扬跋扈，因为他知道自己当时“没本事”。孙悟空漂洋过海，不远万里来到西牛贺洲，打算拜菩提老祖为师。菩提老祖是西牛贺洲有名的神仙，门徒众多，门槛极高，压根就瞧不上这毛猴，马上就将他赶了出去。孙悟空没有半点猴急，苦苦哀求说自己漂洋过海这么不容易，师父这样就把我打发了，岂不是令人心寒。说完后在门前长跪不起，以示诚心。菩提老祖看这猴子心诚，就勉强收下他。

孙悟空在西牛贺洲潜心修行，一学就是七年，把所有必修科目都学完一遍。接着，菩提老祖问他以后要往哪个专业方向发展，孙悟空说“想先听听师父的意思”。菩提老祖一一列举了“术”“道”“流”等主流专业，孙悟空觉得都不适合自己，就统统拒绝了。菩提老祖急了，拿戒尺在孙悟空脑袋上重重敲打三下，生气地走了。孙悟空挨打后反而挺高兴，他领悟了师父的用意：打他三下，是要他三更半夜去“吃小灶”。

果然，菩提老祖私下里教了孙悟空一些高深的本领，如地煞72变、腾云驾雾等。就这样孙悟空踏实用心学得一身真功夫，拜别师父后以“海归”身份回到花果山发展事业，直到后来跟着新老板唐僧西行除妖修成“斗战胜佛”。

IBM公司总部的大楼上写着“学无止境”，公司每年花费十多亿美元进行130万人次的职业教育和培训，对每个员工提供“苦行僧”一样的培训。在培训过程中，紧张的学习从早上8点到晚上6点，而附加的课外作业常常要使学生们熬到半夜。员工们还要进行销售学习——这是一项具有很高价值和高收益的活动。每天长达14～15小时的紧张学习压得人喘不过气来，然而，却很少有人抱怨，几乎每个人都能完成学业。他们知道在这个时代，不学习、不成长为骨干、不经受考验，其结果肯定是被淘汰。

竹子是一种“草”，一种长得最高的草本植物。路边的野草一大堆，为何竹子会长得如此高大、如此坚硬呢？一般的小草在茎干处只有一个生长点，而竹子每个竹节上就有一个生长点，赶上春雨滋润，它便会一夜之间窜出几米甚至几十米。就工作而言，只有不断学习和充电，你才能像竹子一样节节升高。

“工作就好比是‘和尚撞钟’，你不仅要‘当一天和尚撞一天钟’，还要努力把钟擦亮了、撞好了。因为你不是要一辈子做撞钟这份工作，而是要奔着主持的位子去的。”

3. 学习力决定管理力

不管做什么工作，都要力求认真敬业，做好做到位。踏踏实实做事，你的能力才会获得极大的提升，前途才会一片光明。练功之人最需要做好什么？运动员凭什么脱颖而出？答案只有八个字：不断学习，提高能力。凡成大器者，注定是学习最用心、能力最扎实的。

博文广告公司总经理李冠华曾经说：“每一位到我这儿报到的人，我都会提醒他：你的文凭只代表你过去的文化程度，它的价值只会体现在你的底薪上，它的有效期只有3个月。要想在我这儿继续干下去，那就必须从小学生做起，积极主动地寻求新的知识。面对信息爆炸的知识经济时代，我希望我的员工在自己头上随时都架着天线，广泛接收来自各个领域的信息和知识。只有这样，才能拓宽你的视野，而且会培养你良好的市场反应能力。在我看来，学习能力就是一种工作能力。一个不善于学习的人，一个不知道自己该学习什么的人往往工作能力也不怎么样。”

一个人的精力有限，工作又是头等大事，真正留给我们来学习的时间并不多。所以总有人以此为借口抱怨，抱怨学习使自己的工作无法做好。如果企业进入了“冬藏”时期，业务不会像往日那样繁忙，技术骨干的工作量会有所减轻，你就应该抓住这个大好时机充实自己，多学一些专业知识和相关知识，让自己和企业共进退。

学习是工作中最自然不过的事，看别人怎么做事，听别人的看法都是学习。作为企业的管理者，理应懂得如何学习，更要带领团队员工学习，这样的团队才充满解决力。

第五节　运用创造性思维去解决问题

那些今天被认为有效的管理方法，明天还会同样有效吗？在不规则发展和跳跃性变化的时代，传统的管理方法受到前所未有的挑战。同时，创新的管理思维能帮助企业打开工作局面，创造新的发展空间。

所以，管理者如何创造性解决问题，也是管理的重要组成部分。

在我们的课堂上，讲到如何创造性地去解决问题时，有位学员分享了一个故事：

某省一位农民在公路旁开了一家饭店，饭热菜香，但川流不息的车辆就是不停靠不帮衬，结果生意清淡，门可罗雀。

后来，农民请教了个司机，方知长途司机最需要的是什么。

他随后在饭店旁搭建了一间厕所，并写了大大的招牌。

此招果然有效，南来北往的车到此便着魔般停下“方便”，之后总是到店里解决“肚子”问题，生意因此大有改观。

这个故事给当时上课的很多学员以启发：当管理遇到困难，不妨转变思维。创新的思维能为企业打开局面，取得意想不到的成绩。

当然，这里并不是让管理者放弃当前的管理方法，整天琢磨着如何去创新，因此在运用创造性思维解决问题时要注意以下几个方面。

1. 界定问题

为了创造性解决管理问题，首先是必须明白什么是“管理问题”。所谓“管理问题”，就是企业的经营管理活动中的“现有状态”与“期望状态”之间的差距，是“管理现状”与“管理目标”之间的差距，是“是什么”和“应该是什么”之间的差距。创造性解决管理问题，就是以创新的方法，不断缩小“现状”与“期望”之间的差距。

由于人们的认识不同，同时会受到个人情绪和价值观的影响，对“管理问题”的理解也会不同。一项销售任务没有完成，有人理解不是“问题”。因为所有的人都没有完成任务，不是我们不努力，而是企业外部环境发生了重大变化造成的。有的人却理解是“问题”，因为其他企业在同样不利的市场环境下，销售情况却比我们完成得好。

因为对“问题”的理解不同，企业的管理决策和采取的行动就会不同，员工在工作中采取的态度和表现也会不同。所以，创造性解决管理问题的前提是发现和提出正确的问题。只有创造性地发现和提出正确的“管理问题”，才能够创造性地解决“管理问题”。

2. 创新前提

发现和提出正确的管理问题是解决问题的第一步。管理问题提出之后，接下来就是如何创造性地解决管理问题。任何管理创新都是有成本的，并非所有的管理问题都需要运用创造性思维方法去解决，比如：

（1）结构化的问题

对当下状态和期望状态很容易确定的结构化的问题，用常规的方法就可解决，不需要运用创造性思维方法去解决问题。比如在编制会计报表时出现一般的技术差错，或者库存现金与账面余额不符。解决这类问题，因其现状和期望状态是很容易确定的，用专业的财务核对或盘点方法就可以解决，一般也不需要运用创造性思维方法。

（2）规范性的问题

解决规范性的行为产生的管理问题，不需要运用创造性思维方法。企业的内部管理制度是一种约束部门和员工的行为规范，虽然制度可以创新，但是制度一旦确定下来就要严格遵守执行，违背了制度就要按规定接受处罚，解决这类问题不需要运用创造性思维方法。

值得注意的是，运用创造性思维解决问题的前提是在传统的解决问题的方法已用光之后，仍然无法解决问题。对于那些运用已有的知识和经验就能够解决的常规性问题，如果以往的和现成的方法仍然有效，内在主动创新的动力就不会很大，企业和员工也不会愿意支付创新的成本。

之所以现在很多企业天天喊创新，但是做起来的时候仍然回到老路上去，就是因为走过去的老路和使用过去的方法可能暂时还有效。人都是这样的，活在现状感觉很舒服的话，就不会主动去变革。

3. 创新过程

通常人们把“创新思维的过程”与“创造性解决问题的过程”混

为一谈。其实，两者是既有联系又有区别的。“创造性解决问题的过程”，是用创新思维的方法解决问题的一般程序和步骤。“创新思维的过程”，是产生创意的思维活动的过程，是对创新思维活动规律的一种认识。解决问题需要创新思维来激发新的创意，但是有了新的创意只是为解决问题提供了“顿悟”和“灵感”，要想解决问题，还需要按解决问题的过程，把创意与“问题”结合起来，形成切实可行的决策和行动方案。

运用创新思维的目的是更好地解决问题，“创新思维的过程”是为“解决问题的过程”服务的。创新思维的过程一般分为准备、酝酿、顿悟、验证四个阶段，创造性解决问题的过程分为寻求目标、寻求事实、寻求问题、寻求创意、寻求解决、寻求认可六个阶段，在解决问题的每一个阶段，都需要运用创新思维来解决阶段性的问题。

德鲁克说：“在一个结构快速变迁的时期，唯一能存活的是那些能够领导变革的组织。”过去的企业是“适者生存”，未来的企业将是“变者生存”，因此，变化将是企业经营管理的常态，企业和员工能够创造性解决问题的能力也变得日益重要。

第六节　把问题的阻力化作工作的动力

在企业遇到困难的时候，愿意怀着一颗感恩的心与企业同甘共苦的员工，才是企业欢迎的员工，管理者更不例外。

1. 化阻力为动力，光明就在前面

美国洛杉矶有一个名叫杰克的年轻人在一家比较有名的广告公司工作。杰克的工作很普通，就是寻找客户签单。在工作中，杰克的谈吐和工作能力令很多客户敬佩。

在杰克刚进入公司时，公司运营良好，杰克工作起来顺风顺水。后来，公司接了一个大项目——在城市的各条街道做广告。全体员工对此很兴奋，都全身心地投入到了工作中，因为这个项目将给公司和员工带来巨大的经济利益和发展前景。

公司总裁迈克·约翰逊在接到项目的月末，召集全体员工开会："大家都知道，我们公司承担的这个项目巨大，仅仅准备工作就要耗资好几百万美元，而现在我们企业的资金比较紧张。我是这样想的，我们这个月的工资就放到下个月一起发放，希望你们能够理解公司的处境。工资早晚都会给你们，只要我们把项目搞好，大家一起来共享利润。"所有的员工都对总裁的话表示赞同。

但让人意想不到的是，由于估计不足，公司因资金不足项目无法进行，只有向银行伸出求援之手。但因款项数目巨大，银行也不愿贷款，企业陷入困境。

在这个艰难的时刻，员工人心涣散，纷纷离去。但杰克仍然没有放弃。

一个星期后，公司大部分员工离开了，这时有一家公司高薪来挖杰克，杰克说："公司发展良好的时候给了我很多，现在公司有困难，我应该与公司同舟共济。让我在这个时候甩手离去，我不会做那样的事。只要约翰逊总裁没有宣布公司倒闭，总裁留在这里，我就不会离开，哪怕只剩下我一个人，我也会坚持到底。”

没多久，杰克真的成了公司唯一的员工。总裁歉疚地问他为什么要留下来，杰克微笑着说了一句话：“公司就是我的船，既然我已经上了船，而船又遇到了惊涛骇浪，我就应该与公司一起同船共渡。”

由于街道广告属于城市规划的重点项目，在政府的催促下，公司只有将这来之不易的项目转移给了另一家大企业。但是在签订合同的时候，约翰逊总裁提出了一个条件，那就是让杰克在该企业里担任项目开发部经理，否则就不与之合作。约翰逊总裁握着杰克的手向那家企业总裁推荐：“杰克是一个难得的人才，更是一个值得信赖的人，只要他上了你的船，就一定会和你以及你的企业风雨同舟。”

那家企业的总裁握着约翰逊的手微笑着说：“在这个世界上，能够不计个人得失而与企业共命运的人才十分难得。也许以后，我的企业也会遇到各种各样的困难，我当然也希望到那时能够有人愿意与我和我的企业一起同舟共济。”

在此后几十年的时间里，杰克一直没有离开那家企业，在他的努力下，企业得到了飞速的发展，现在他已经成为了那家企业的重要领导之一。

面对困难，要有乐观的精神，多一份镇定和从容。“不管风吹浪打，胜似闲庭信步。”这正是一种克服困难的心理素质，是自信乐观的外在表现。

逃避困难是人的一种强烈本能。很多人在“有利”与“不利”两种形势的抉择中都会选择趋利避害，暂时逃脱责罚，保持自身的利益。

2. 管理者要有直面困难的勇气

工作中，很多时候我们都会碰到这种“狭路相逢”的情况，它可能是你不得不面对的对手，可能是你必须要解决的困难。这种相逢，注定了让你无处逃避。于是，你硬着头皮，拼死一搏。胜利后你会发现，困难并没有想象中那么可怕，只要敢于亮剑，必能砍开一个缺口，冲出重围。

NBA著名篮球运动员艾弗森，第一个赛季遭遇当时无比强大、由乔丹领军的公牛队。乔丹尽管是艾弗森的偶像，但球场如战场，艾弗森赛前强硬地表态说“球场上，我无须尊重乔丹”。尽管那一场比赛艾弗森所在的76人队惜败于公牛队，但是艾弗森却在和乔丹的正面对抗中占了上风，在罚球线附近将乔丹几乎晃倒，急停跳投得分，全场比赛的得分和助攻数据上都超过了乔丹。

很多时候，是因为我们缺乏直面的勇气，才使困难挡在面前无法前进。敬业就是要有激情和胆量，能绕开困难只算是被动适应，克服困难才是真正的勇者。狭路相逢勇者胜，胜的是心态，胜的是气势，胜在敬业精神。

3. 激情能助你成就伟业

必胜的信心从何而来？来自对理想的执着、对工作的激情和全力以赴的投入。长征时，由于国民党军队的破坏，红军一共只找到7条小船和36个艄公，渡江一直持续了七天七夜。刘伯承在护国讨袁战争中受过重伤，身体一直不是很好，一只眼睛基本失明，但作为红军渡江指挥部的负责人，他在离江边不远的这块大圆石上一直立了七天七夜，没有坐下过，更没有睡过。任何一个过江的战士从他身边经过时，都能看见他眼睛里似火的激情。

有了激情，不睡觉都不觉得困；有了激情，不吃饭都不觉得饿。世上从来没有一件事是在欠缺激情的状态下完成的。激情是一种敬业的力量，没有激情，任何行为都不可能长久，它能把人身上的全部潜能都调动出来。如果说热情是事业成功的基础，那么激情就能够成就伟业。激情比热情更长久，更有震撼力。

工作，就是需要激情。人的激情只有融入到工作中，才能发挥出无穷无尽的智慧和力量，使人全身所有的神经都处于兴奋状态，去战胜一切有碍于实现既定目标的困难。

华为的员工工作起来不要命，时常深夜加班，吃盒饭，在办公桌底下打地铺。激情飞扬的工作精神是华为人的一个显著标志。正是因为这种“魔鬼”般的没有休息日的工作激情，才使得华为这只“土狼”十多年来，一直处于凶猛无比的扩张之中。

人没有工作激情是不行的，一个团队同样如此。工作中的激情就是永不屈服，永不放弃，永不满足现有的一切成就。唯有激情四射、情绪高涨，才能取得伟大的成就。

第四章

中坚激励力——给员工一个前进的力量

激励力是一种管理者鼓励下属的能力，强大的激励力能激励人们去做原本他们不愿意做的事。值得一提的是，在不同的情况下，需要使用的激励力量类型也会有所不同，因此身为一个管理人必须要熟悉各种力量，以及它们的潜在利用方式。管理者要善于创造并运用自己的激励力，激发下属的职业斗志。

第一节　用精神力量激发下属斗志

何谓斗志？斗志和管理有什么关系？简单地说，斗志就是“战斗的意志”。在企业管理工作中，斗志代表的就是高涨的工作士气和投入工作的热情、激情。

对缺少斗志的员工来说，简单的事情，在他们面前也会变得艰巨、困难，无法完成，因为他们不愿意也不敢面对困难；而对富有斗志的员工而言，很多艰巨的任务、意想不到的困难，都会在他们高昂的斗志面前俯首称臣。

雅虎的创始人杨致远，就是一个依靠斗志在网络领域站稳脚跟的人。

1994年4月，正在美国斯坦福读大学的杨致远，为了完成一篇论文，整天沉浸在网上查找、收集资料。随着收集到的站点越来越多，他感到查找起来很不方便，于是就将这些内容制作成目录。大目录容纳不下，就再制作子目录和下一级目录。然后，他把这些内容编制成软件，为其他人在网上冲浪提供方便。这就是雅虎的雏形。

杨致远是个斗志高昂的人，曾在斯坦福大学担任很长时间的社团管理者。正因为有着一般人所不及的胸襟和胆识，所以他决定将这个意象中的网络搜索系统，建设成能让千百万人浏览、受益的网络。

为了能在网络领域立足，杨致远进行广泛调研，寻找切入市场的机会，并让哈佛商学院的同学帮忙做计划书。经过前期的努力后，他又揣着计划书寻找合适的风险投资者……

那时候，杨致远经历了许多辛苦，做出了许多方面的努力。而这所有的辛苦和努力，都来自他那高昂的斗志。可以说，如果没有坚定的信念和高昂的斗志作支撑，雅虎网络在困难重重的研发过程中就会被扼杀了。

后来回忆雅虎网络的创业过程时，杨致远意味深长地说："虽然工作很艰苦，但充满了快乐的情趣。一个人的工作是需要斗志和情趣的。我每天早晨起来都会问自己：'我起来干什么？'然后我就觉得，如果我不去工作，我的雅虎团队可能就会出问题。"

对于一个斗志高昂的人来说，在遇到困难时，首先想到的是如何克服。为了完成任务，斗志高昂的人会主动寻找解决问题的方法，会主动找相关的人沟通，会不遗余力地把事情做好。所以，困难的事情在斗志高昂的人眼里是简单的。他们不会被困难吓倒，而会把解决问题看作是锻炼自己的机会。

斗志对于下属如此重要，那么如何激发下属的斗志，激发他们的工作热情，发挥他们的工作潜力呢？

1. 统一目标、共同进退

管理者与下属“共同进退”，给下属提供更多工作中需要的信息和内容，协助他们完成工作。这些信息和内容，可以是关于公司的整体目标、部门的未来发展计划，以及下属必须着重解决的问题……

找到与团队目标相关的个人目标。和下属坦诚交流这些信息，才能让他们感受到自己也是参与经营决策的一分子，对公司的经营策略更加了解，从而有效、明确、积极地完成工作任务。

2. 多听意见，加强交流

有的管理者会觉得下属的建议重要，但很多时候，下属的建议却没法被听到。为了了解下属的真实想法，避免管理者因主观武断而导致的决策失误，可以通过开通下属热线、设立意见箱、进行小组讨论、部门聚餐等方式和下属进行交流。但是，无论选择哪种方式，都必须让下属能够借助这些畅通的意见渠道，提出他们的问题与建议，或是能及时获得有效的回复。

3. 了解想法，共同决策

有的管理者在工作中，都维护着自己的权威性，听取下属意见的时候不多，殊不知，倾听能给工作带来更多好处。倾听和讲话一样具有说服力。管理者应该多倾听下属的想法，并让员工共同参与制定工作决策。这样就可以使员工大受激励。

当管理者与下属建立了坦诚交流、双向信息共享的机制时，这种共同参与决策所衍生的激励效果，将会更为显著。

4. 因人而异，个性激励

“一千个人心中有一千个哈姆雷特”，每个人内心需要被激励的动机各不相同。因此，同一份工作，不同的员工，也有不同的动机和目标。作为团队核心，必须针对部门内员工的不同特点“投其所好”，寻求能够刺激他们的动力。对于那些做事扎实，默默工作的员工，要多给予公开表扬，提高他的成就感；对于那些锐意进取，勇于开拓新项目的员工则给予更多的赏识，从精神上激励；对于那些人脉关系广泛，业绩优秀的核心骨干，则给他们良好的工作条件和有挑战性的工作内容。

5. 设定目标，业绩说话

为下属设定一个明确的工作目标，通常会使下属创造出更高的绩效。目标会使下属产生压力，从而激励他们更加努力地工作。在下属取得阶段性成果的时候，管理者还应当把成果反馈给下属。

反馈可以使下属知道自己的努力水平是否足够，是否需要更加努力，从而有益于他们在完成阶段性目标之后进一步提高他们的目标。目标要具有挑战性，但同时又必须使下属认为这是可以达到的。

晋升，如果看的还是资历，跟下属的业绩关系不大，下属的积极性就自然也不高。靠“资历”提拔下属并不能鼓励员工创造业绩，并且会让员工产生怠惰。相反地，如果用“业绩说话”，按业绩提拔绩效优异的员工时，反而较能达到鼓舞员工追求卓越表现的目的。

6. 了解需要，真心赞美

每个下属都会有不同的需求，管理者要想激励下属，就要深入地了解下属的需要，并尽可能地设法予以满足，提高下属的积极性。满足下属要从小事做起，从细节的地方做起。人都是活在掌声中的。当下属被上司肯定、受到嘉奖的时候，他才会更加卖力地工作。

既然赞美能够使下属对自己更加自信、对工作更加热爱、能够鼓励下属提高工作的效率。作为管理者，对于这种不需要成本激励而效果明显的“武器”，为什么不经常使用呢？给下属的赞美也要及时而有效，当下属工作表现很出色，应该立即给予称赞，让下属感受到自己受到上司的赞赏和认可。

除了口头赞赏，还可以使用不同的方式来称赞下属，比如书面赞美，让下属持久地感受到赞美的喜悦与激励；对下属一对一的赞赏可以提升员工的工作情绪；公开的表扬可以加速激发下属对成功的渴求；甚至可以采用团队开个小型庆祝会的方式，鼓舞团队的士气。

总之，奖励的力度要适当，形式要多样。只有这样，才能真正起到激励下属的作用。

第二节　中层管理者要注意为激励保鲜

科学有效的激励，能调动员工积极性、发掘员工潜能、提高员工素质。但激励措施也有保质期，如果中层管理者不做好部门员工激励的保鲜，管理就会回到老路上。其实，做好激励保鲜，关键在于随时做好奖罚激励。

1. 员工只会做你要奖罚的事

驯兽场上，一名驯兽师正在训练一头黑熊跟着他一起跳绳，他一跳，熊也跟着跳，他落下熊也落下。我们很难想象，作为低等动物的黑熊，它是根本无法用言语和人沟通的，为什么能够在训练师的指引下做出那么多高难度的动作呢？

这样的奇迹是如何造就的？驯兽师被称为“动物的魔术师”，他们在训练黑熊时，经常会用夸奖、抚摸、事物奖励等办法，用他们的职业术语来讲就是“正激励训练法”——以积极的鼓励、奖励为主来训练黑熊。

心理学家还做过这样一个实验，将幼儿园的儿童分成 A、B 两组。A 组儿童无论做了什么事，老师都会找出优点称赞他们；对 B 组儿童，老师的态度相反，无论他们做了什么事，老师都会找出缺点来批评他们。经过一段时间后，A 组儿童无论在智力、个人自理能力等方面都比 B 组的儿童胜出一筹。

其实，在很多年前，哈佛大学著名的心理学家斯金纳教授就发现，如果一种行为获得了积极的回馈，人们就会重复这种行为；如果一种行为产生了消极的后果，甚至会受到惩罚，人们就会减少这种行为。这种现象在我们生活中也无处不在。

谢经理叫小王助理今天帮忙把茶杯洗一下，交代完之后，谢经理就忙公司事务去了，忙得忘记督促检查一下小王是否执行了。第二天一上班，当谢经理拿起茶杯准备喝水时，发现茶杯完全没洗过。谢经理很生气，就把小王叫了过来骂了一通，小王说：经理，昨天有个重要客户过来，我一直在忙着接待，把你这事给忘了，对不起。小王又是羞愧又是委屈。难道真忙得连洗个茶杯也没空吗？其实不是，这个现象就是我们在上面论述过的，人们不会做你希望的事，只会做你要检查的事。谢经理心想，既然是自己忘了督促，也就没有深究，小事情就算了。

又有一次，谢经理还交代小王把茶杯帮忙洗一下。这次谢经理没有忘记，忙碌中也要中途探下脑袋去看看小王有没有洗杯子。结果都到中午了，杯子还是没有洗。谢经理再次生气，把小王找了过来，小王反倒叫板了：经理，我在赶着把你的计划书整理完毕今天下班前交给你，要是今天给不到你，你也无法向公司交差呀，那个杯子你洗一下不就完事了吗？谢经理是恼火得气不打一处来。

从该案例中可以得出一个结论，员工也不会做你检查的事，只会做你要奖罚的事。如果当谢经理第二次交代小王洗杯子的时候，说，小王，帮忙今天把杯子洗一下，要是午餐前我看到没有洗，今天部门同事的午餐你请客哦（半开玩笑）。试想一下，小王是否会把这件事惦记在心里？肯定会。

所以，员工在某种程度上会重视管理者要检查的事，但如果想要从根本上引起员工的重视就必须建立完善的奖罚制度。

2. 下属执行力强弱，关键在于成就感

面对下属的执行不力，许多管理者都会归结为：我们公司的基层员工每个月的薪水也就2000多元，你还能指望他们怎么执行？甚至把自己对上司的执行不力，归结为：作为中层管理者，我每个月的工资也就五六千元，上司还要我怎样执行？

既然经理们喜欢拿工资来说事，那我们就此展开论述。首先，要明确两个不同的概念。“如何让人来做这件事”与“如何让人做好这件事”是完全不同的两回事。很明显，公司给你的工资解决的是第一个问题，也就是说，你领着公司这份薪水，投入来做公司的事是理所当然的。“如何让人做好这件事”，就不是工资涉及的范畴了。

换句话说，你把员工执行不力归结为工资不高，那是牛头不对马嘴的强盗逻辑。如果按照这一逻辑往下走，就会得出荒唐的结论：只要我们给员工足够的工资，公司的执行就一切都没有问题。那么，公司的事务还需要管理吗？公司还需要聘请你做管理者吗？在金钱之下，个个都是良民，个个都是圣人了。显然，这是不可能的。

“如何让人做好这件事”，关乎的是员工的价值观问题，涉及的是员工更高层面的范畴——精神追求层面。众所周知，每个人的内心深处都有一个渴望，那就是：“我是一个重要的人，我不愿意在公司中做一个可有可

无的人。”员工的工资解决了他愿意做这件事，如何让他做好这件事，至关重要的因素是员工的责任感和成就感。高明的管理者总是善于发现下属的价值，通过激励放大下属的价值，放大下属的成就感。

3. 多用正激励，少用负激励

奖与罚都是激励的方式。奖称为“正激励”，即对好的行为给予积极正面的回馈，以刺激人们继续好的行为；罚称为“负激励”，即对不好的行为给予负面的回馈，以抑制不良行为的再次发生。

管理中，我提倡尽可能多地使用正激励，尽可能减少负激励。惩罚是管理的无奈，万不得已才使用。同时要明确，惩罚的目的不是整人，而是希望收获好的结果。一代教育家陶行知先生的做法能给我们很大启示。

有一天，陶行知在校园里看到一个叫王友的同学用泥块砸班上的同学。为了教育这个学生，放学后，陶行知把这个调皮的小同学叫到校长办公室。

放学后，陶行知一回到校长室，只见王友小同学已经等在门口准备挨训了。一见面，陶行知没有急着批评小王友而是掏出一块糖送给他，说：“这是奖给你的，因为你按时到来，而我却迟到了。”

小王友心有疑虑地接过糖果。一会儿，陶行知又掏出第二块糖果放到他的手里，说：“这块糖也是奖给你的，因为当我让你停止打人时，你立即住手了，这说明你很尊重我，我应该奖励你。”

小王友眼睛瞪得大大的，有点不敢相信自己的耳朵。陶行知又掏出第三块糖塞到他手里，说：“我调查过了，你用泥块砸那个同学是因为他们不守游戏规则，欺负女生。你砸他们，说明你正直善良，勇于跟坏现象做斗争，我应该奖励你。”

小王友感动极了，他流着眼泪后悔地说：“陶……陶校长，你打我两下吧。我错了，我砸的不是坏人，而是自己的同学呀……”

陶行知满意地笑了，随即又掏出第四块糖递过去，说：“为你正确地认识错误，我再奖给你一块糖。可惜我只有这一块了，我的糖用完了，我们的谈话也该完了吧。”小王友开心地笑了。

这就是正激励的结果。

当年，海尔在推广“6S”管理时，在工厂设了一个“6S”脚印，要是谁没有做好，就得在上面罚站，这一做法在国内管用，起到很好的效果。可是一到国外，由于文化差异，老外就不买账了。

海尔立刻改变了方式，改为谁在“6S”管理上做得好，谁就站上去接受全厂员工的祝贺，也就是由“负激励”改为“正激励”。这一招起到意料之外的更好效果，极大地给予优秀员工被重视、被肯定的成就感和荣誉感。员工争先恐后争取优秀，争取站上“6S”脚印蔚然成风。相反，在员工心目中，谁要是没有站过“6S”脚印，在同事面前有点抬不起头来。

4. 要什么就激励什么，强调什么就激励什么

秦国的强大，离不开一位著名的功臣：商鞅。商鞅为了秦国的强盛，在秦国大刀阔斧地实施变法，但是没有人相信他。于是他在南城

门外竖起了一个木桩，承诺如果有人将木桩移到北城门，就奖赏50两黄金。

一开始，大家觉得这简直是开玩笑，奖励50两黄金，已经够买上几千亩地了，移动一下木桩就可以成为大地主，谁敢相信？

一段时间后，终于有个人想试一试。于是就上前把木头从南城门搬到了北城门。果然，商鞅立即兑现了奖励，这个消息不胫而走，传遍了全国各地。“城门立木，千金一诺”也就成了千古佳话。

由此可见，激励不是工资，不是绩效考核。绩效考核要从市场交换规则的角度来考虑公平性，要保证员工投入和产出的公平感。而激励不需要从市场交换角度讲究公平感。它主要考虑两个因素，一个是考虑是否能激励出更多的好人好事，另一个是考虑能否建立新局面、新规则。一句话，你要强调什么，就可以激励什么。

IBM 公司有一个“百分之百俱乐部”，任何一位员工在完成年度任务的那一刻，就自动成为该俱乐部会员，他和他的家人就将被公司邀请参加隆重的聚会。结果是，公司所有的员工都把获得“百分之百俱乐部”会员资格，作为在公司工作的最大奋斗目标，争取获得荣耀。这就是 IBM 在鼓励什么，就给员工什么激励。

这种激励信号，强烈地指引员工奋斗的方向：公司是一家什么样的公司，在鼓励什么，反对什么，作为员工你不需要猜测，你只要按公司奖励的行为去做就好了。

5. 少用物质的方法来激励

员工执行力的强弱，关键不在于薪酬，在于成就感。也就是说，员工执行力的强弱，关键不在于员工做事的意愿度，而在于员工做事的兴奋度，或者说积极度。薪酬、奖金等物质的方法解决的是员工做事的意愿度，而对员工做事的兴奋度作用并不大。

从上文中，我们都知道，奖励他人就是要什么就激励什么；强调什么就激励什么。换个角度说，即激励什么，我们将得到什么。即，如果一味地强调金钱方面的激励，必然诱使员工注意的焦点都放在金钱上。这样做的后果必将是，在员工中衍生出一种极其不好的风气：拜金主义，金钱至上，唯利是图。这种风气一旦在团队中漫延开来，管理者还谈什么执行文化？

我们可以从电视剧《解放海南岛》中，来对比两种截然不同的执行文化。国民党守岛部队武器精良，有军舰、飞机、大炮，以逸待劳，应该说在各方面都绝对优于解放军。而解放军武器装备落后，仅有的渡海工具是渔民的木帆船，只能依靠老天的风力推动前进，在今天的现代人看来，要实现渡海登陆简直是天方夜谭。结果却是解放军击溃国民军，打赢了这场渡海登陆战役，解放了海南岛。

解放军凭什么赢得胜利呢？凭的就是不同于国民党的强大的执行文化。当韩先楚副司令派出了一个加强营作为先遣部队偷渡过海，要在海南岛白马井实施强行登陆时，与国民党军队在海上遭遇。两军交战，国民党军官是如何激励的呢？“弟兄们，给我顶住，打死一个共军，奖50大洋，打沉一只木帆船，奖500大洋！”统统都是金钱的激励。说句调侃的话，国民党军队大概还得在战场上安排一个闲人跟随记录数据，否则事后怎么论功行赏，难怪国军内部经常矛盾重重。解

放军指战员又是怎么激励士气的呢？“同志们，宁可前进一步死，不可退后一步生！冲上岛去，解放受苦受罪的人民群众！”全是精神层面的激励，在那个年头，激励起了千千万万的仁人志士。

所以，在管理者中，我倡导的首先是注重精神层面的激励，包括荣誉激励（颁发证书，授予奖章），晋升激励（晋升晋级，换岗），榜样激励（树标杆，立榜样），感情激励（给予家一般的待遇和奖赏），等等。

其次，注重零成本的激励。包括写感谢便条，比如给员工家里写感谢信，慰问员工家庭，带领下属引荐给上司，由上司来表扬，发动客户给员工写感谢信，真诚地与员工握手说：“感谢”，等等。

还要注重低成本的激励。包括奖励消费券，与合作单位互换消费券，随时从抽屉掏出 10 元钱突然奖励，旅游途中买回纪念品随时奖励，自己独有的物品赠送员工做奖励，零食水果的奖励，等等。

激励的方式多种多样，而且各有侧重。因此，管理者要根据实际情况，综合运用多种激励机制，把激励的手段和目的结合起来，改变思维模式，真正建立起适应当今企业特色、时代特点和员工需求的激励体系，才能激发员工的潜力和工作热情，提高企业的核心竞争力，才能保证企业持续、健康发展。

第三节　管理者要善于关心下属

只有员工热爱企业，才会爱岗敬业。要想使员工爱岗敬业，管理者首先要爱员工，关心员工。8 小时之内，大家一起努力干；8 小时之外，主动替员工排忧解难，照顾周到。

俗话说“滴水之恩，涌泉相报”，管理者关心爱护下属，下属肯定会给予足够的感激和报答。管理者越是关心、爱护下属，下属就会更加拼命地为团队、企业效力。日本的很多企业管理者就善于利用这一传统心理，对员工“终身负责”，让员工无怨无悔地爱团队，忠于企业。

当然，我们的企业管理者也为员工付出的不少，比如给员工租单人宿舍、员工过生日时送蛋糕与礼品、医药费全部实报实销、每年有带薪休假等。但付出了这么多，这些管理者却时常抱怨没有得到应得的回报。为什么会这样呢？原因就是这些管理者“爱”员工爱得太功利了，太物质了，仅仅是形式上的关心，却没有付出真心，对于这种掺了水分的爱，员工们当然不会买账。

信任、尊重和爱护员工，这是每个企业管理者义不容辞的责任。美国著名管理学家托马斯·彼得斯曾大声疾呼：“你怎么能一边歧视和贬低员工，一边又期待他们去关心质量和不断提高产品品质呢!”

要让员工心里有团队和公司，中层领导就必须时时惦记着员工。不要说基层员工不好管理，要问问自己身为管理者，是不是真正做到了爱他们。

管理者是管理者，下属是下属，任何时候中层管理者与下属都应该保持一定距离，给下属留一些未知和威严，这有助于保持管理的公平性。

中国有句俗话“城隍爷不与小鬼称兄弟”。作为一名管理者，要善于把握与下属之间距离的远近亲疏。具体距离多远，需要管理者在长期的管理实践中去摸索总结。但原则是不要和下属过分亲密，要保持一定距离，给下属一个庄重的面孔。这样会给下属留一些未知和威严，以便于分辨是非，认清人性，使自己在管理过程中能够轻松自如、游刃有余。具体来说，管理者不跟下属称兄道弟，会有以下好处：

1. 避免团队内耗

如果领导与某些个别下属过分亲近，必然会导致其他下属对该下属产生嫉妒心理。也会对管理者的偏向不满，甚至会由此引起冲突，人为地造成团队内部的不安定气氛。与所有下属都保持一定距离，尽量不要有意地去接近个别员工，可免去这些不必要的麻烦。

2. 不让自己犯错

领导与个别或者部分下属走得比较近，这些下属自然就会对领导感恩戴德，为了报答领导的“知遇之恩”，就会对领导阿谀奉承，请吃请喝，送礼行贿甚至拉领导下水。如果对下属保持庄重的态度，自然就不会发生这些事情，管理者也不会担心犯错误了。

3. 减少用人失误

管理者与下属过分亲近，就可能对自己所喜欢的下属偏爱有加，对其优点无限夸大，对其缺点视而不见。在用人的时候，就会出现“小材大用”的现象，结果往往会以失败告终。因此，著名学者杜拉克说过：“为了能确保选用适当的人员，领导与直接的下属一定要保持适当的距离”。

4. 帮助树立权威

人都有这样一种弱点，即“得寸进尺”“蹬鼻子上脸”。领导要是跟下属走得太近了，他们就会跟你称兄道弟、哥长哥短，将江湖义气与工作态度混为一谈。很容易有恃无恐，不把其他下属放在眼里，甚至骑到管理者本人头上作威作福。

中层工作提倡“到群众中去，从群众中来”，“到群众中去”是下去了解下属的疾苦；“从群众中来”就是搜集下属对工作的意见与建议，以便制定相应的政策，提高工作效率与工作业绩。但有一些领导曲解了这一有效的管理方法，整天与下属称兄道弟，纠缠在一起打牌、喝酒、K 歌、麻将，这不是走群众路线，而是沆瀣一气、同流合污。

值得指出的是，管理者与下属之间的距离分为两种：一是心理距离。就是要在内心保持这种意识，管理者与下属还是有区别的，两者之间的关系应严格局限于良好的上下级关系中，不可超越等级；二是交往的距离。这由接触的远近、频次来表现。离得太近，接触太频繁，都有可能让下属觉得与你交往可以无所顾忌。

古人云：“临之以庄，则敬。”意思就是说，管理者不应该和下属关系过分亲近，否则会给自己的工作带来许多麻烦，导致管理工作无法顺利进行。这样既影响自己的形象，又干扰了日常管理。正确的做法是与下属保持一定的距离，给他们一个严肃的态度，这样才有可能以公正之心来管理团队，将一碗水端平。

第四节 善用正负激励，恩威并施

三国时期，诸葛亮领兵声讨南中，马谡对诸葛亮说，南中一带的军民倚仗地势险阻，一直不服蜀汉统治，我们现在攻破南中易如反掌，但是在我们离开之后，他们还是会叛变，所以，我们不如攻心为上，以心战治之。

诸葛亮采纳了马谡的建议，当年5月渡泸水，擒拿了孟获，为了彻底征服孟获的心，诸葛亮故意把自己排兵布阵的方略摆给孟获看，孟获不以为然，说初次与诸葛亮打交道，不明虚实，只要像这样的阵势，我肯定能取胜，于是诸葛亮放了孟获。孟获不久又领兵来战，又战败而归，被诸葛亮俘住，就这样擒了放，放了擒，连续七次。直到第七次再放孟获时，他却不肯离去，说诸葛亮是天威，南中不再反了，孟获的心被攻下了。然后，诸葛亮把南中各地的首领召集起来，宣布南中各地继续为他们管辖，蜀军不设官，不留兵，并将随军的衣物、粮草捐献给了当地官兵，以补偿连年战争给百姓造成的损失，得到了南中军民的拥护。从此，夷汉相安无事。

诸葛亮七擒孟获的故事，就是运用恩威并施策略的典范。所谓“恩威并施”，就是恩惠和威严同时使用。用于现代管理上，恩威并施强调的是：在实施控制时，既要施之以恩、施之以德、感化影响、说服指导，从而赢得员工的信赖；又要施之以威、施之以权、查验所为、奖优罚劣，使员工产生敬畏。恩威并施策略，是历朝历代将帅、君王所重视的统御谋略之一。

唐太宗与唐高宗两父子先后对褚遂良先扬后抑再扬，可称“恩威并施”的经典之作。病重的太宗在弥留之际，将长孙无忌与褚遂良召入卧室，对二人说：“卿等忠烈，简在朕心。昔汉武寄霍光，刘备托诸葛，朕之后事，一以委卿。太子仁孝，卿之所悉，必须尽诚辅佐，永保宗社。”他又对太子李治说：“无忌、遂良在，国家之事，汝无忧矣。”

其实，唐太宗早就私下对太子李治做有交代，褚遂良等是前朝重臣，而你跟他并没有什么恩爱相连，你继位后，他难免会桀骜不驯，难以驾驭。你继位后，必须先抑后扬，他便会对你感恩戴德，忠实地效命于你。

贞观二十三年阴历六月，李治继皇帝位，年仅二十一岁。高宗即位后，就封褚遂良为河南县公；次年，又升为河南郡公。但是在实际上，褚遂良这位托孤大臣，正像太宗预言的那样桀骜不驯，难以驾驭。高宗李治后来借故把他贬为同州刺史。三年后，高宗又把他召回身边，征拜为吏部尚书，同时监修国史，加授光禄大夫，又兼为太子宾客。尔后又升为尚书右仆射，执掌朝政大权。褚遂良被这么一折腾，心有余悸，从此忠心耿耿、不复二心。

针对你的下属一施“威”就走人的现状，首先站在管理者的角度，请你来思考，是否之前你没有充分地施“恩”呢？正因为下属还没有“臣服”于你，你对他施“威”，哪有不走人的道理呢？

恩威并施，从古至今百试不爽的管理策略，要想在现代管理把它用到极致，从四个方面来做：第一，在管理者的自身修养上，要懂得刚柔并济；第二，在与部下的平时交往中，要宽严得体；第三，在处理矛盾时，要红黑结合；第四，在处理矛盾时，还要红黑配合。请留意，所谓“刚柔并济，宽严得体，红黑结合，红黑配合”。

1. 管理上的刚与柔

刚柔并济是一种为人处世的风格。刚就是刚强、直正、是人的立身之本，无刚难以自立。作为管理者的刚，主要体现在明确的方向、高度的责任感和坚强的意志，能够以顽强的毅力和百折不回的精神迎接任何挑战，无刚则无威严。柔是人的一种美德，古人云：“柔者，德也。”管理者作风的柔，首先是一种以利他主义做基础的博大深厚的爱，富有同情心、以德服人，处处尊重人，与被管理者在感情上息息相通。

关于“刚”，管理者的刚强，是真正的刚强，并不是那种简单粗暴、性情急躁，动不动暴跳如雷，表现出声严厉色的凶样，而是正如欧洲著名的军事理论家克劳塞维茨所说：“刚强的人不是指仅仅能够激动的人，而是指即使在最激动的时刻也能保持镇静的人。所以，这种人尽管内心很激动，但他们的见解和信念却像暴风雨中颠簸的船上的罗盘指针，仍能指出方向。”

由此可见，真正的刚强集中表现在有主见、有信心、敢作敢为，一往无前。管理者的刚强并不是靠压制和威吓所维持的一副盛气凌人、令人望而生畏的面孔，靠此维持其地位的管理者不是真正的强者。一个管理者有了卓识的主见、坚定的信心、顽强的毅力和一往无前实际行动，那么，即使他外表文弱沉静，也仍不失为一位刚强的人。

关于“柔”，绝不是优柔寡断，软弱无能，而是一种美德，具有长辈的风范，富有同情心，尊重人性，善于将心比心，推己及人，与下属在感情深处息息相通，这样的管理者常表现为坦荡随和，平易近人。与人相处，使对方如临春风；与人接触，使人如沐暖阳。柔性的领导作风，不是做作的娇柔，而是出自内心的真挚之柔；也不是一种老好人式的调和折中，而是以一定的价值观念为原则的谦和；更不是令人生厌的懦弱，而是智慧和德行结合的力量。

刚与柔是辩证统一的，相辅相成。只有两者结合，以刚衬柔，以柔辅刚，刚柔相济，才是管理者智慧与力量的表现。

倪润峰是长虹独裁式企业家，在长虹内部，流传着这样两句话，一句是“倪润峰当家让人受不了”，另一句是“长虹没有倪润峰不行”，都说明了倪润峰在长虹独一无二的地位，在长虹，倪润峰一言九鼎，下属无论理解与否都得坚决执行其决策。倪润峰硬性的管理方式陷入“创业者的陷阱”，随着市场环境和竞争对手策略的变化，必然会受到重创。

作为管理者如果只会用行政命令、制度规章等刚性管理手段来对待员工，必然会影响你在员工心中的威信。相反如果你以协商的、友好的、与人为善的柔性管理手段，必然提高你的威信。作为管理者，“太刚则折，太柔则废”，“刚柔相济”，在刚和柔之间寻求一种恰当的平衡，既利于个人生存，又利于企业发展壮大。

刚柔相济，其妙无穷，要拿捏有度，非一日之功。管理者想实现这点，就要在实践中不断地自我修炼，在团队中不断地自我完善。

2. 对待下属要宽严得体

自古以来，就有像唐太宗“君为舟，民为水，水可载舟亦可覆舟”这样关于官民关系的著名论述。今天，管理者必须与下属心连心，必须像杜甫在《春夜喜雨》中所描述的“随风潜入夜，润物细无声”那样，融入到下属的生活中，做到“军民鱼水情”，才能让下属对你认可与接受。当然，管理者融入到下属生活中，绝对不是与下属吃吃喝喝，最后沦落为“君不君臣不臣”，而是与下属的相处必须远近有度，宽严得体。

看一看成功的企业家是如何做到这一点的。日本企业家松下幸之助认为，管理者对于下属，应是慈母的手紧握钟馗的利剑，平日里关怀备至，犯错误时严加惩戒，恩威并施，宽严相济，如此才能成功统御。

慈母的手、慈母的心，是每一个管理者都应该有的。对于自己的下属，要维护和关爱。因为他们是你的同路人，甚至是你的依靠。也只有如此，才能团结他们，达到目标。

同时还必须严厉。这是人类的基本特性使然。社会行为学家经过无数次调查，结果显示：社会上的劳动者，不自觉者居 80%，自觉者居 20%，这一现象也符合了“80/20 法则”。也就是说，20% 的员工不需要别人的监督和责骂，就能自觉自发地做好工作，不出差错。但是还有 80% 的员工难免好逸恶劳，喜欢挑轻松的工作，拣便宜的事情，只有别人在后头随时督促，给他压力，才会认真做事的。对于这 80% 的懒散者，就只能是严加管教，一刻不放松了。

管理者在管理上宽严得体是十分要紧的。尤其是在原则和条规面前，更应该分毫不让，严厉无比；对于那些违犯了条规的，就应该举起钟馗剑，狠狠砍下，绝不姑息。

用美国人的话来说，就是“胡萝卜加大棒”，一刻不能松懈。

3. 在处理矛盾时，要红黑结合

在处理矛盾时，要红黑结合，具体是指，在批评下属的错误上既要唱黑脸，同时也要唱红脸。

索尼公司是靠生产电子产品起家的，随身听是该公司的重要产品之一。一次，公司的一家分厂的产品出了问题，这家工厂的产品是销售到东南亚的，总公司不断收到来自东南亚的投诉。后来经过调查，发现原来是这种随身听的包装出了些问题，但并不影响内在质量。分厂立即更换了包装，解决了问题，可是盛田昭夫仍然不依不饶。

这位厂长被叫到公司的董事会议上，要求对这一错误做陈诉。在会议上，盛田昭夫对其进行了严厉的批评，要求全公司以此为戒。厂长在索尼公司干了几十年，第一次在众人面前受到如此严厉的批评，难堪尴尬之余，禁不住痛哭失声。盛田昭夫的盛怒让其他董事都觉得太过分了。

会后，厂长无精打采地走出会议室，正考虑着准备离职。可是董事长的秘书走过来，热情地邀请他一块儿去喝酒，厂长哪里还有这样的心思，无奈秘书几近强拉硬扯，两人走进一家酒吧。

厂长问：“我现在是被总公司抛弃的人，你怎么还这样看得起我?”这位秘书说：“董事长一点也没有忘记你为公司作的贡献，今天的事情也是出于无奈。会后，他害怕你为这事伤心，特地让我请你喝酒。”

接着秘书又说了一些安慰的话，厂长极端不平衡的心态开始缓和一些。喝完酒，秘书陪着这位厂长回到家。刚进家门，妻子迎了上来对丈夫说：“你真是受总公司重视的人!”

厂长听了感觉非常奇怪，难道妻子也来讽刺自己。这时，妻子拿来一束鲜花和一封贺卡说：“今天是我们结婚二十周年的纪念日，你忘记了?”在日本，员工拼命为公司干活，像妻子的生日以及结婚纪念日这样的事情，通常都是不足为道的事。

厂长说：“可是这跟我们总公司又有什么关系?”原来，索尼公司的人事机关对职员的生日、结婚纪念日这样的事情都有记录，每当遇到这样的日子，公司都会为员工准备一些鲜花礼品。只不过今年有些特别，这束鲜花是盛田昭夫特意订购的，并附上了一张他亲手写的贺卡，勉励这位厂长继续为公司竭尽全力。

4. 遇到矛盾时，要懂得“变脸”

在处理矛盾时，要懂得“变脸”，也就是要红黑配合。具体是指，需要上下级或者平级之间的相互配合，一方唱黑脸，另一方唱红脸，这样一红一黑间，纠正下属的错误。跟上述不同的是，这一措施需要两个或者两个以上参与者的配合。

我们老祖宗流传下一套智慧，就是说这不可能一个人办得到，必须要两个人。意思就是说它实际上是在扮演一个人无法扮演的角色。一个人个性是固定的，不可能既充满了温暖，像慈母却又十分严厉，如严父。我国自古以来的管理强调团队、亲信、大家来扮演不同的角色，就是因为我们很懂得“变脸”的道理。也就是就是一个扮黑脸，一个扮红脸。一个专门抓制度规章流程，一个专门扮大家长，给人安全感、归属感。

我刚当兵那会儿，看部队首长在我们底下非常亲和，尤其是政治部主任，从来不在我们面前发脾气。但是，训干部时，却非常厉害，把干部训得一塌糊涂。为什么？因为部队首长明白，他只要管好他所管的人就行了，跟我们之间不应该存在任何矛盾。

这个事情对我们具体做企业的也应该有所启发。

从理想状态讲，制度健全规范的公司是按照制度办事，不存在黑脸红脸之说，事实是执行制度可松可紧，一定是存在黑脸和红脸的。那么是红脸好呢？还是黑脸好呢？为了把工作干好，就要讲究黑脸与红脸的配合。不能全是黑脸，如果全是黑脸，公司一定会气氛压抑，员工口服心不服，容易产生逆反心理，工作效率不会高。

也不能全是红脸，如果全是红脸，公司会没有章法，大家有制度不遵循，个人主义泛滥，我行我素，难以管理，工作效率也不会高。所以要讲究黑脸与红脸的配合，一般来说大家都愿意扮演红脸当好人，会做事的人会把红脸让他的上级去扮演，自己扮演黑脸，黑脸会让员工感觉气氛紧张，心情压抑，树立对立状态，就会找红脸申冤、倾诉，然后红脸刀下留人，息事宁人，当了好人，员工的不满或者不理解会有所缓和，不至于感觉整个公司就像监狱一样。

黑脸不好当，得罪人的事谁也不愿意做，但是为了把工作干好，必须奖罚分明，必须对错误的事情给予严惩，才能杜绝错误事情的发生，所以向敢于当黑脸的人敬礼。当然当红脸的必须把道理给员工讲清楚，不能是滥好人，如果这样的话，黑脸可就冤枉大了，而且还达不到管理员工的效果。

其实对于红黑脸问题，在管理过程中，黑脸（中层）与红脸（老板）的沟通有问题。我想讲一个例子，是我自己的亲身经历。我曾经做过一个公司，是一个跨国企业投资的，那时遇到裁员这档子事。根据安排，当时有两个员工需要离职。一方面是出于感情，我为这两名员工都分别找好了其他的工作，另一方面是没有经验，当时我直接找两位员工谈了离职的事情。结局大出我的意料。我原本以为这两名员工会对我感恩戴德，可他们不仅没领我的情，还对我裁掉他们的做法作出非常激烈的回应。当时，总公司负责人事的人就对我说：“我给你个经验。不管你跟他们有多熟，不能你亲自来谈这个裁员的事情。你应该找行政负责人跟他们谈。行政是照着程序来做事，扮黑脸很简单。”

各位经理，为什么员工在你的手下会流失严重？请你记住，下属员工流失，直接管理者要负70%的责任。不要去怪外在的客观原因，如果你推卸责任，只会是你无能的表现。今天我们都好好反省一下，你跟上司之间有这样默契的配合吗？你有主动地跟上司沟通与合作吗？

第五节　强化感召力，在理想主义旗帜下集合

如果管理者要帮助公司制定核心价值观，采用“干部团队提炼法”的办法。之所以这么做，出于两点原因的考量：首先核心价值观不是老板的“一言堂”，即不是最高管理者的一面之词；其次它也不是哪一位专家提供的“金科玉律”，它一定来自团队，而且是核心团队（即干部团队）。因为核心团队本身就是公司核心价值的典范——公司的遗传基因。操作方法如下。

首先，核心团队成员需要探讨的六个问题。

（1）不管时代如何发展，你始终如一地追求的，你认为你工作中最重要的价值观是什么？请举过往事例说明。［六方面：关于经营的事业，关于产品，关于员工（或团队），关于为人，关于工作作风，关于客户］

（2）当你的孩子长大成人，出来社会工作时，在工作上你希望他传承什么精神（或者作风）？

（3）假如第二天一大早醒来，你突然就拥有了一笔足够让你安度余生的财富，你还会继续工作吗？如果会，你为了什么？

（4）对于你现在持有的核心价值观，你确信 100 年后它还会像今天一样有意义吗？理由是什么？

（5）如果有人指出，你持有的核心价值观将使你在竞争中有所不利，你会怎么应对？

（6）假如公司未来要进入一个全新的领域（与现在的业务大相径庭），你会为这个新的业务注入什么样的核心价值观?

特别说明一下。以上六大问题中，最后真正要的结论只在第一个问题中。为何还要设计后面的几个问题呢?原因是为了不断考验和鞭策，你是否相信和坚守你得出的第一个问题的答案；同时如果遗漏，还可以及时地补上，所以后面几个问题也是非常必要的。

当大家各自回答完上述的第一个问题（关于六个方面的价值观）后，选出一名总指挥，可以是上级，也可以是老板，当然也可以邀请外部专家，比如我们在这方面就经验很丰富，站在第三者立场往往更利于公正客观地帮助企业。总指挥带领干部队伍进入下一轮的讨论。步骤如下：

第一步，所有干部的答案汇总一起（六个方面逐项汇总）。

第二步，先易后难，采用淘汰法，将明显不符合要求的意见淘汰。

第三步，接着采用归纳法，将不同意见中出现概率高低依序归纳出某个价值观在不同干部中同时出现的概率高的，说明这是团队中普遍认可和接受的。

第四步，归纳出“关键词”后，重新整理成完整通顺、喜闻乐见的表述，当同一价值观出现不同表述方式时，以民意表态，取意见多数者。

第五步，当六个方面的价值观都提炼出来后，交给公司决策层最后裁决。裁决后，公司颁布执行。（执行措施详见本章最后部分）

1. 使命的特征

身为管理者，不仅了解公司的核心价值，还要正确认识公司的使命。因为它是你努力工作的根本动力所在，只有在充分认识、认可的基础上，管理者才有可能为之奋斗不息。

在这个充满诱惑的时代背景下，身为管理者很容易受到外界的干扰，很容易朝三暮四。任何个人，任何干部，任何公司，尤其是小公司，都需要比任何时候更了解自己的使命，这样才可以帮助自己和团队把工作变得更加有意义，才能更大地开发员工的创造力和才能，才能更加吸引、留住和激励更多优秀的人才。正如管理大师彼得·德鲁克所说，任何一个组织，最优秀、最有奉献精神的人最终都是自愿者。所有的自愿者都是奔着使命而奋斗的。

使命是公司除了赚钱之外存在的根本原因。一个有效的使命反映了人们对事业的重视程度——决定了他们的动机，而不仅仅是对产品和目标客户的一种描述。它抓住了公司的灵魂，它表述的是公司在利益之上存在的深层原因。

使命，它可以延续上百年，不应该将其和具体的目标、商业战略（在经营中可能不断变化）混为一谈。尽管你可以达到一个目标或完成一项规划，但你不能完全实现自己的使命，使命就像是指引方向的恒星，可以永恒地追寻，却永远不可能达到。尽管使命本身不会变化，却能激发改变。使命永远不能实现，意味着一个公司要完全投身于它的使命，就要永远刺激变革和进步。

核心使命的作用是引导和激励组织成员去实现一个又一个目标，完成一个又一个胜利。使命如果经过适当的构思，可以成为基础广泛、根本而长盛不衰的东西。优秀的使命可以长年指导和激励组织。

由于使命的主要作用是指引和激励，它的关键在于真实，不在于与众不同，不必独一无二。两家公司很可能拥有相似的使命，就像两家公司可能坚信正直之类的价值观一样。例如，很多公司可以和惠普公司一样，以利用电子器材促成科学进步，增进人类的福祉，对社会作出贡献为使命，关键在于他们是否像惠普一样深信这一点，并且始终遵循不渝。例如广东某钢制品集团王董咨询过我，是否可以将“我们为制造高品质的钢管而奋斗”列为核心使命。

我认为，制造钢管只是公司目前的业务，假如100年后，房屋建设已经由其他新型建材取代了钢管，钢管业务被取缔，难道公司也得因此而停止吗？后来，该公司将核心使命改为：为了提高人们的生活品质、促进社会和谐而努力奋斗。这个更能激励组织永远追求进步。

与此相似，3M并不用黏合剂、研磨剂来定义它的使命，而是永远寻求创新方法解决未解决的问题。这个使命带领3M不断进入广泛的新领域。麦肯锡的目的不是做管理顾问，而是帮助公司和政府更加成功。为了这个事业，在100年以内，他们可以开发许多咨询以外的事业，而不仅仅是做咨询顾问。惠普的存在不是为了做电子测试和测量仪表，而是为了让人们生活变得更好，而做出技术上的贡献，这个使命引导公司远远超越了他做电子产品的缘起。想象一下，如果沃尔特·迪士尼把公司使命设为制造卡通片，而不是让人们快乐，很可能就不会有迪士尼乐园。

我在为江苏一家专门为工矿企业生产防腐材料的企业咨询时，该公司干部问我，是否应该把“生产防腐材料”作为他们的使命。我就问：“这个使命可以延续100年吗？”

若干年以后，公司有没有可能会发现或创造出全新的、不用防腐材料也能达到防止腐蚀的技术？完全可能。该公司董事长吉董立刻恍然大悟，说："我们不是为生产防腐材料而存在的，而是为了解决防腐问题。"最后，这家公司抓住了它的使命："用创新的方法解决耐磨防腐问题。"在未来的上百年内，这个使命都可以引导和激励团队不断前进。

2. 管理者如何协助公司发现以及提炼企业的真正使命

(1)"问为什么"法

使用这一方法，每一位管理者都可以轻松准确地帮助公司发现和提炼出真正的使命，同时也是在帮助自己探寻到自己努力奋斗真正的动力所在。操作步骤如下。

首先，从公司对产品或服务的描述开始，"我们制造的某产品"或者"我们提供了某服务"。把它用一句清晰明了的话描述出来，让外人一听就知道公司所从事的是什么业务。

其次，立刻问："我们制造的这种产品重要吗?"毫无疑问，答案是"很重要"。紧接着问第一次为什么，就是"为什么说我们制造这种产品很重要呢?"答案必须是有逻辑的，而且是直接的因果关系，回答的句式必定是"因为我们这么做给人们（或客户）带来什么好处。"当第一个为什么的答案出来后，你会发现，公司的使命就出来或者开始接近，如果还没有，进入第二个为什么。

最后，在问了这几个为什么之后，公司真正的使命就昭然若揭了。当然，如果你的经验丰富，少问几个为什么，就可以很快洞悉公司所从事业务的真正使命。

在我们和一家浙江梦知美服饰公司的合作中，我们用这个方法提炼出了该公司的使命。该公司的管理层首先开了几个小时的会，才得出下列有关他们公司使命的陈述：“为市场提供最高品质的保暖内衣。”然后我们问：“为什么提供最高品质的保暖内衣很重要?”讨论了一下后，他们的回答反映出公司使命的深层意义：“提供最高品质的保暖内衣，是为客户在寒冷的冬天也能保持身体的温暖，舒舒服服，暖暖和和地过冬，过年。”接下去的讨论让管理层意识到，他们的价值并不在于让客户在寒冷的冬天也能保持身体的温暖，而是在于让客户的生活过得美好幸福。这一系列的发问，帮助他们明确了公司的使命：“为人们生活得更加美好而奋斗。”有了这个使命之后，公司在做产品决策时，想的问题就不再是：“这有市场吗?”而是：“这对我们客户的美好生活有帮助吗?”

我们辅导另一家企业，专门生产办公家具的公司。他们对产品的描述是：“我们制造最舒适的办公家具产品。”问了几个为什么之后，他们总结出办公家具产品很重要，因为办公家具的品质直接关系到人们工作时的感受，坐在一个不符合人体科学设计的办公椅上办理公务，那种难受程度难以忍受。从这个角度考虑，最后，这家公司的使命定为：“让人们工作得更加舒适。”这些带着强烈使命感的话，激励着公司所有员工，使公司成为该行业中的佼佼者。

(2)“杀死”公司法

假设有人出高价买你的公司，这个价格使公司内外部的人都十分满意；同时，这个人可以用更吸引人的薪酬制度为所有员工提供稳定的就业。但是，这个人在购买了公司后要“杀死”公司，他要取消这家公司的产品和服务，把它的品牌永远地束之高阁不再使用。这家公司会在事实上消亡，完全从地球上消失，你还愿意被这个人收购你的公司吗？为什么不愿意或为什么愿意？

如果公司不存在了，会有什么损失？为什么现在公司的存在和存在下去是重要的？我们发现，这种方法对帮助那些精明、重利的经理们认真考虑他们公司存在的深层原因十分奏效。

3. 管理者在公司核心理念的制定中要注意什么

核心理念是不能“创造”和“发明”的，你只能去发现和提炼。理念的制定不是来自对外部环境的观察，而是来自内在的审视。理念必须是真实可信的。

不要问“我们应该拥有什么核心理念”而应该问“我们真正拥有什么核心理念”。人们必须带着强烈的热情，深层次地去理解拥有的核心价值观和核心使命，否则拥有的就不是核心理念。你认为公司的“应该”拥有的价值，但又不能肯定是这个公司现有的，就不能把它作为真正核心价值。这样做只会引起全公司的冷嘲热讽——“你想骗谁啊，我们都知道这根本不是这里的核心价值！”更准确地说，这样的愿望应该是你未来前景或战略的一部分，而不是核心理念。

核心理念起的作用是引导和激励，而不是做出区分。两家公司完全可能拥有一样的核心价值观或使命，问题的关键是谁能去坚守它。许多公司都可以有“做出技术贡献”的使命，但很少公司像惠普那样积极地去实现它。许多公司都可以有“全心全意为顾客服务”的使命，但很少能像诺斯通那样围绕这个价值创造出高度教派般的文化。许多公司都可以有“创新”的使命，但很少公司像3M那样创造强有力的配合机制去激励创新。

区分优秀公司与一般公司的不是核心理念的内容，而是核心理念的真实性、纪律性、一贯性，以及他们配合的程度。就像是，让你更与众不同的不是你信仰什么，而是你相信的程度。当你深深信仰一种东西时，你就会长时间地保存它，而且会以同样的方式把它融入到你的生活中。

核心理念要对公司内部的人有意义，有激励作用，而不需要让所有的外部人为此感到振奋。只有公司内部的人才需要核心价值观的敦促，并激发其长期为公司的成功服务的热情。核心理念对公司外部人的影响相对次要，因此不能成为确认核心理念的决定因素。因此，核心理念起到了区分公司内部人和外部人的关键作用。一个表达准确的理念会吸引有同样价值观的人来到这家公司，同时，排斥与之相反的人。

不能把新的价值观和使命“安装”到人身上，核心价值观和使命不是什么可以让人批量买进的东西。人必须本来就有能够接收它的素质。我们只能去寻找，去吸引，去留住易于接受我们核心价值观、核心使命的人才，并让不易于接受我们核心价值观的人另谋高就。

阐明核心理念不是一个文字游戏，重点是要抓住实质，要抓住核心价值观和核心使命的精髓，而不是为了载入史册写出咬文嚼字的完美宣言。

核心理念是企业出于自身发展的需要，它不需要理性和外界的肯定，也不会随着趋势和流行而摇摆，甚至不会跟着市场变化而变化，它可以历经时间的考验。它甚至可以 100 年不变。

由于中国当代市场经济才三十多年，暂时难以看出哪一家企业的核心理念能走过 100 年不变。但是，在西方市场经济走过几百年的历程中，我们可以看出：公司的核心理念一旦在公司制定后，就指引和激励着团队为之奋斗不止，延续上百年而不轻易改变。

在管理界，瑞士钟表业有句名言“企业永远不变的就是随时要变”。运用“阴阳反成大道”思想，我们重新审视一下，它对与不对？很明显，它只说对了一半。根据阴阳互动、阴阳互补原理，企业中有变的一面，就一定有不变的一面。变的是公司的经营思路、策略、做法等要应市场变化而变化。不变的是核心理念。

当然，在今后的管理中，管理者如何将这些思想多方面运用，甚至再创造，那就仁者见仁，智者见智了。我只能倾微薄之力，抛砖引玉而已。

4. 管理者如何让企业文化更好落地

精神文化如何落地？我将这么多年来，辅导很多企业的一些具体操作办法分享给大家作参考。

第一，工厂、办公室、文化墙布置及办公桌上张贴公司核心理念。

第二，把宣读公司核心理念列为公司会议的常规程序（会前、会后高喊）。天天喊，天天念，深入骨髓。正如“谎言说一千遍都变成真理”，人最难做的一件事就是自己打自己嘴巴。当核心理念深入到员工的潜意识时，再让他去违背或者触犯它比较难，长期坚持下去，老员工甚至会主动纠正新员工不符合公司价值观的行为。

第三，将公司核心理念的教导贯穿在整个新人培训与后续培训计划中。具体方法：首先收集与整理出公司内部，符合公司价值观的经典案例和典型个人，成立案例库，编写教程，作为新员工入职培训的第一堂课。如何收集案例：举行围绕公司核心理念的有奖征文竞赛。比如：自由命题，题材不限，但是必须来自公司的真人真事，中心思想必须围绕着能够体现公司核心价值观，等等。然后进行公司核心理念的培训，一定由资深的公司元老负责授课，它不是简单的知识传授，而是感情、信仰的灌输。

第四，公司内或部门内随时抽查。抽查方式可以多样，比如业务培训会中随时抽查，有奖问答，书面问答抽奖等。

第五，招聘时，将公司核心理念制成易拉宝，用以吸引，同时也是筛选认同公司价值观的新员工。从员工入职起，从不间断塑造员工的价值观；并且，干部的晋升严格遵循由内部逐级提升的原则。

第六，宣扬“模范人物和模范事迹”，组织员工持续地、不定期地举行先进事迹、先进个人的分享会。比如将先进个人和事迹的分享列为例会的例行程序之一，天天讲，月月学；每年评出“感动××十大人物”（每一个都是从不同层面和角度遵循公司价值观的典范），并在宣传栏张贴模范人物的画像与故事；发动客户举荐榜样，并且邀请客户写表扬信予以张贴；设立公司名人录等。

第七，隆重奖励符合公司价值观的模范个人和模范事迹，方法有设置月度年度的例行奖励，奖励以“荣誉”为主，什么价值观就可设什么荣誉奖励，比如倡导快乐奋斗，就设“微笑天使奖”；倡导服务第一就设“最佳委屈承受奖”；倡导忠诚，就设“忠诚卫士奖”；倡导奉献，就设“老黄牛精神奖”；倡导挑战，就设“业绩冠军奖”等。奖励以及庆祝的方式一定要隆重，要注意技巧，例如员工大会时大造声势地公开表扬；一定要有鲜花、掌声、荣誉证书或者奖杯；主持人煽情；背景音乐制造氛围等。

第八，用明显、有形的惩罚方式，惩处逾越价值观的员工。惩罚方式有降职、换岗、乐捐、记过、通报批评、开除等。

第九，设立“特别工作日”。比如基层工作日，每月选出一天，到基层工作；家庭日，周六设为家庭日，可着便装，甚至上班时间比平时稍晚；亲人日，不定期举行携带家人在公司联欢、聚会、外出旅游等。

第五章

中坚协调力——中间层就是协调层

协调力就是正确处理组织内外各种关系，为组织正常运转创造良好的条件和环境，促进组织目标的实现。在企业管理中，这是管理者要把自己和上下级关系更为友好地维护的一种纽带性的能力。对下的问题要进行消化、反映和反馈；对上的问题要进行解码、下传和反馈；对己的问题要进行思考、上报和下传。作为中间层的管理者，要真正维护好上级、自己和下级的关系，并能很好地把各项工作做好，其实是难度最大的事情。

第一节　主动协调上下级关系

如果把一个企业比作一个人，高层管理者就是大脑，中层则是脊梁，要替大脑准确地传达和执行命令到四肢。所以，干部是每一个团队的中坚力量。

一个公司如果能够沟通顺畅，上下合力，所爆发出的力量是惊人的。遗憾的是，误会却经常在上级与下属之间产生。误会的产生原因各不一，但后果却是一样的，带来误解、烦恼和难堪，还会造成关系紧张，产生对立情绪，导致人心涣散，极大地降低管理效率。

由此可见，作为企业的中坚力量，协调好上下级领导的关系很重要。

1. 如何协调好上级关系

只有协调好了与上级的关系，才能得到上级的信任，才能够在上级心目中留下良好印象，上级才会认为你是胜任本职工作的，还会为你的工作出主意想办法，提供各种方便条件。

那么，如何协调好上级关系呢?

首先，尊重上级，听从指挥。上级的所作所为代表的不仅仅是他个人，而是代表公司，尊重上级就是尊重公司，维护上级的形象和声誉，就是维护公司的形象和声誉。

听从指挥是指自觉服从领导的决定，听从领导的指挥，不能以任何借口违背推托，这是工作中的纪律和约束。没有这个纪律和约束，就不可能形成统一的意见，就会造成各自为政，各行其是的混乱状况，严重影响工作的正常进行。对上级的决定有不同意见可以保留，也可以反映，但是在上级没有改变决定之前，必须严格执行，绝对服从，这是一条基本原则。

其次，积极做好工作，为上级分忧解难。上下级关系看似是隶属关系，实质是工作关系。积极地做好本职工作，为上级分忧解难，是管理者协调好与上级关系的重要原则。

中层管理者在与上级相处过程中要做到以下几个方面。

第一，当好上级的执行者。对上级的指示和交代的工作任务，不仅要认真贯彻执行，还要结合本部门的实际情况，制订出切合实际的方案，圆满完成工作任务。

第二，当好上级的信息员。管理者要及时、准确、完整、真实地向上级汇报和反映基层的基本情况和有关信息，反映的情况和信息越全面，上级决策的时候就越有把握。

第三，当好上级的参谋。管理者有义务向上级献计献策，或提出一些工作上的建议和意见，这样上级在做决策的时候，就能够综合各方面的意见，统筹全局妥善安排。

第四，和上级相处，要找准自己的位置。一方面要尽心尽责做好本职工作，另一方面又要做到出力而不越位，不能超越自己的权限越位表态、越位决策、自以为是、目无领导、喧宾夺主。

第五，管理者在和上级相处中还要主动适应上级的工作习惯和特点。有的上级直率爽快，工作雷厉风行；有的严谨细致，工作稳重踏实。作为下级必须细心观察，做到心中有数，要尊重上级的工作习惯，主动适应上级的工作特点，这样才能更好地理顺上下级工作关系，达到良好的工作效果。

第六，要避免和上级的关系庸俗化。维护上级的威望，并不是随声附和，阿谀奉承，更不是溜须拍马。有个别管理者见到上级就卑躬屈膝，甚至降低人格竭力讨好，还有个别管理者在与上级交往中，通过请客送礼、打小报告来表现自己，以求得到赏识，这些都是把上下级关系庸俗化的表现。

2. 如何协调好下级关系

有的中层管理者认为，上级决定着自己的荣辱升迁，决定着自己的前途和命运，而下级是由自己指挥和摆布的，因此感觉协调好上级关系要比协调好下级关系更为重要。因为协调好上级关系，可以赢得下级更多的拥戴。如果得不到上级的信任和支持，那么下级也会疏远你，这会给工作带来很多的困难。其实，管理者能否协调好下级的关系，与协调好上级的关系同样重要。

下级是管理者实施领导的具体对象，没有了下级就谈不上上级，失去了下级就等于失去了领导对象。如果与下级的关系非常糟糕，工作就无法开展，下属不听指挥，或表面听从背后一套，个别素质不高的人还有可能破罐子破摔，当众让你难堪。再有和下级的关系很僵，矛盾挺大，情况反映到上级那里，也会有不良影响。

下级员工是管理者做好工作的依靠，不论做什么工作，都必须依靠下级，离开了下级的支持，将会一事无成。一个管理者水平再高，能力再强，本事再大，也不可能包揽一切，也不可能一个人把工作都做了。那么作为管理者，如何协调好下级的关系呢？

第一，尊重下级，提供帮助。上下级关系是一种工作关系，只有社会分工不同，没有高低贵贱之分，在人格上是平等的。因此，上下级之间要互相理解，互相尊重，这是建立良好上下级关系的基础。

管理者对下级的尊重，包括对下级的关心和爱护。这就需要管理者树立一种对下级热情服务的思想意识，要主动关心他们的生活，倾听他们的意见和呼声，帮助他们解决各方面的困难，热心为他们创造良好的工作条件。管理者如果能够真诚地严于律己、宽以待人、问寒问暖、关怀备至，那么下级也会更加地敬重领导，积极工作。

第二，公平对待，一视同仁。不同的下属，工作能力有强有弱，个人素质高低不一，作为管理者如何才能做到公平对待、一视同仁，如何才能做到奖勤罚懒，不徇私情，尤其是在福利待遇和利益分配等比较敏感的问题上，要做到公正无私，一碗水端平。这也是管理者能力和水平的体现。

管理者要掌握好协调的方法和平衡的艺术，在工作分配、利益分配和福利待遇问题上要做到公平、公正、公开，要建立健全规章制度和奖惩细则，有功必赏、有过必罚、奖罚分明。这样才能让下级心服口服，心情舒畅，激发他们的工作积极性。

第三，信任下级，发扬民主。作为管理者在工作中要相信下级，要用人不疑放开手脚让下级开展工作；不要包办代替、指手画脚，更不要大权独揽、自以为是。管理者的职责是为下级制定出工作的方向和目标，并在实施过程中加强检查。

第四，下级工作有了成绩，管理者要善于发现和赞扬。一个明智的管理者，不论自己有多大本事，都应该虚怀若谷、为人谦和，还要时时处处发现和赞美下级的优点和长处。

第五，工作中出现失误，管理者要敢于主动承担责任。一个智慧的管理者，在决策上或工作中出现失误时要敢于主动承担责任，要敢于在下级面前深刻检讨，要善于和下级一起总结经验教训，研究解决办法和补救措施，这样做不但不会失去管理者的威望和自尊，反而会使下级对管理者更加理解和尊重。

第六，要采取各种激励方法，增强下级的工作危机感。管理者协调好下级的关系是为了把工作做好。宽容不等于放纵，赞扬不等于迁就。管理者在协调好下级关系的同时，要采取各种激励方法，调动下级的工作积极性。

处理好上下级关系，有利于团结稳定，提高工作效率，促进工作的整体发展。作为企业的中层力量，理应从大局出发，顾全集体的整体和长远利益。

第二节　融入团队，不做甩手掌柜

在日常工作中，很多管理者在使用权力过程中，以为只要做到充分授权，有效激励了，就坐等着下级的喜报。结果是下属懒散，团队的绩效下降。这是为什么呢？有的归咎于员工素质差，有的归咎于老板插手，有的归咎于资源不够，有的归咎于项目不好……但事实并非如此。

根本原因就是管理者自身无法融入到团队中，把自己置身于团队之外。如果管理者不能融入企业文化，无法与团队融合，你的权杖就无法发挥作用。只有融入团队，权杖才能有力。当你完全融入团队，带领团队成员创造出好的绩效时，团队成员自然会被你的影响力所吸引和聚集。当你成为企业的强势群体之后，企业文化自然而然地就开始打上你的烙印。

1. 融入团队

管理者如果不能很好地融入企业、融入团队、融入节奏，就会影响工作的发挥，不融入就很难获得充分的信任。大家都知道信任对于管理者意味着什么，而且几乎每个老板与职业经理人都重复着“疑人不用、用人不疑”的古训，但有一些管理者总是在一味要求企业给予自己信任与授权。而自己却“身在曹营、心在汉”“这山望着那山高”。

其实老板能将企业发展壮大至今也是有其成功与精明之处的。既然你有所保留，企业往往也会有所防范，结果合作双方都在半信半疑中失去了深入合作的基础。不融入就很难顺利交棒，融入是一种对企业的尊重。融入不是向自己原则的一种投降，更不是一种随波逐流的被动接受。融入是一种携手共进的合作精神，是一种有容乃大的开放胸襟。管理者唯有带着欣赏与批判的双重心态进入企业，才能够在融入的基础上将自己放在大海中发挥浪尖上浪花的风采。

经理人要想融入企业文化，首先应该具备良好的职业素养。如果经理人有了良好的职业素养，自然也就会按如下步骤来做。

职业经理人的威信不是靠自己板起面孔大声说两句话就有的，主要是靠自己带领团队成员持续不断地打胜仗。一旦不能带领大家打胜仗，自然也就没有威信了。有些经理人一上任就试图把自己的文化带入到组织当中来，约法三章，大家应该如何，不应该如何……这是没有任何效用的。

2. 融会贯通、创新发展

空降经理人在学习和深刻领悟企业既有文化后，才能做到知己知彼，这样做起事来也会有的放矢，有效果。只有学到了企业既有文化的真谛，并融会贯通，才能添加自己的思想，并能结合时代、市场形势的发展变化，去创新和发展，之后才能够带领团队打胜仗。只有打了胜仗，组织成员才会接纳你，并主动听从命令，主动地被管理、被领导，这样真正的团队就形成了。在此基础上，团队才能持续地打更大的胜仗。只有打了更大的胜仗，大家才能真正地佩服你。只有当大家服你后，才会心悦诚服地认同你的更多做法。

3. 个人文化和企业文化无缝对接

当组织成员认同你后，也就认同了你的文化。你的决策会得到团队的响应，并得以付诸实施。这时，你个人的文化也就自然而然地融进了企业文化。这时你会发现：你的文化中本身就包含着企业既有文化的基因。因为经历了上述的过程，你首先融进了既有文化，然后再添加自己的思想智慧，自己的个性特色，组织自然也就有了你的个性烙印，也就是实现了企业组织文化和你个体文化的对接。

而这样的对接是无缝隙的，这样的对接是对组织发展有利的，而且对个人的职业发展也会产生积极作用。

4. 融入战略

管理者要善于把自己构想的战略融入到企业之中。不能光谈战略，而融入不到企业当中去。现在的管理者常犯的一个毛病就是，他的战略观念很强，但经常是他唱自己的调，无人应和。

对于企业组织的管理和文化，要继承与发扬，是一种扬弃的关系，而不是改造的关系。所以职业经理人必须采用嵌入，他有战略思想，企业家也有战略思想，他必须理解企业领导者的战略思想，然后找到一个切入点，嵌进去。

一个非常有胆略的经理人常常会有一系列新想法并不断尝试，虽然他们的创意并不总是成功的，但一般他会与企业战略相融合，这才是企业成长的源泉。

第三节 将冲突视为机会

令中国人自豪的神州火箭，我们能记住的名字只有杨利伟、聂海胜等几位宇航员。但是在航天英雄身后，却有着无数默默无闻的幕后英雄。

据载人航天工程办公室不完全统计，直接参与载人航天工程研制工作的研究所、基地、研究院等一级单位就有110多个，配合参与这项工程的单位则多达3000多个，涉及数十万科研工作者。他们的心血，凝结在运载火箭20多万个零部件上；凝结在火箭和飞船等上天产品12万多个元器件上；凝结在飞船系统那70多万条软件语句，北京航天指挥控制中心的140万条重要软件语句，以及更多的常人所不知的地方……这就是部门之间完美的配合协作。

只有内部做到“配合听指挥”，真正执行打仗等艰巨任务时，才能做到使命必达。配合是一个团队生存和作战的保障，没有了相互配合，团队就会像一盘散沙，各自为战，没有前进的方向。

企业的工作，就是把已制订的计划变成现实，也就是执行。但是如何执行却是一门大学问。这时候，配合是保证执行力的先决条件。配合首先是服从，部门服从上级、部门之间按要求服从并协作，使决定的事和布置的工作有反应、有落实、有结果、有答复。

配合到位就是执行的保障，假如部门之间不能执行好公司策略，又如何能创造卓越的业绩呢？如何让公司的目标实现呢？杰克·韦尔奇就说："战略不过是一张纸而已。如果各部门有出色的执行力，战略一点用也没有。"

作为管理者，难免会遇到内部不团结，甚至发生冲突的情况。如果两位下属发生冲突，你不得不处理这样微妙的局面，在冲突没有升级之前，你应该怎样消除这样的矛盾于无形？

1. 发现冲突的根源，找到解决途径

首先，你必须意识到，冲突不会自行消失的，如果你处理不当，矛盾会升级。作为领导，你有责任恢复你部门的和谐气氛。有时候，你必须穿上裁判服，拿起哨子，担当起现场的裁判。

处理冲突时，有几点你必须牢记于心：首先，你的目标是寻找解决方案，而不是指责某一个人。即使指责是正确的，也会让对方起戒心，结果反而不能使他们妥协。其次，要区别事实和假设。发现冲突的根源，才能找到解决的根本途径。最后，坚持客观的态度，不要听信一方的片面之词。要认真听取双方的意见，最好的办法是让冲突的双方自己来解决问题。

2. 不同冲突，要用不同的方法应对

办公室那些惹麻烦的人总会占据你的时间。大部分都容易相处，只有少数人难缠。管理者要针对不同类型人的特点巧妙采取和他们相处的

方法。

心怀敌意的人：对待这种人最重要的方法就是不要上他们的圈套，惹不起，就躲开。让他自己发泄一番，好好整理一下情绪。

心怀抱怨的人：这种人像祥林嫂一样，天天唠叨着，故意夸大他的烦恼，希望引起别人的共鸣。对待这种人，千万别表明态度，只给不明确的回馈即可。

优柔寡断的人：对于这种人，不要帮他拿主意，可以为他提供证据，强调事实，从旁边协助他。

沉默不语的人：这种人存在心理恐惧，因此你的话不能存在威胁性，要保持友好，耐心等待，直到他们开口说话。

不懂装懂的人：这些人可能知道一点，但是不是全懂，对待这种人，就是用证据来证明事实。

3. 别让矛盾恶化

人的欲望是无穷大的，当一个欲望满足了，马上就会有新的欲望。作为管理者，也不要对此自责。下属产生不满的情绪，最好的办法就是稳定他们的情绪，在可能的范围内满足他们。

最忌讳的是对不满的情绪置之不理。刚开始，可能是单个的下属对领导的不满，最后，可能蔓延到对单位的不满。

矛盾无处不在。不满是正常的，只有对现状的不满，才能激发新的转变。作为管理者，要善于了解这样的情绪，进行疏导，而不是愚蠢地去搞强迫压制。

第四节　让合适的人做合适的事

管理者都知道，让合适的人做合适的事，工作才有效率。的确，只有人才与岗位相匹配，工作才会有好的结果，工作效率才会更高。反之，当你选择了不合适的人去做一件对他来说不合适的事的时候，你就选择了失败。

那么，在管理中怎么选择合适的人做合适的事。我们通过以下一个案例来分析一下。

1. 人不能尽其职的后果

X说：“江总，我最近做了一套新的绩效管理方案，想在公司推行一下，您看看。”

Y说：“刘经理，你这套方案整体上感觉不错，只是这么做是不是太浪费经理们的时间了？他们平时工作那么忙，哪有时间去做制定绩效目标、建立业绩档案这些工作？这样推行下去，他们会不会嫌麻烦？再说，离公司要求的考核时间只有不到一个月了，这样做恐怕完不成任务了。我觉得不如按去年的做法，部门经理只要填空就可以了，这样保证能很快完成。你说呢？”

X说：“江总，可是，我觉得那样的考核没有什么实际效果，考核的内容和员工的工作没有什么直接的关系，我怕又流于形式了。”

Y 说：“刘经理，我看就先这样吧，这一次就先按去年的方式考核，你的这套方案咱再讨论讨论，好不好？”

X 说：“好吧，我去发考核通知……”

在这个案例中，江总、刘经理、部门经理在绩效管理中都没有做好他们应该做的工作。江总作为总经理，担负的职责是支持和推动绩效管理深入开展，却在刘经理推出新方案的时候泼了冷水，使绩效管理工作再度回到老路上，继续重复先前那种“难度系数”比较低的工作方式（填表）；而刘经理，作为人力资源经理，一定意义上的绩效管理专家，却在做着背离绩效管理思想的制表工作，按江总的说法，为不耽误部门经理的“宝贵时间”，还得把表格设计得尽量简单，只给部门经理留出打分和签字的空格；最后一个没有具体姓名的人物就是直线经理，他们又在做什么呢？

不用说你也知道了，对，就是打分、签字和交还表格，就这么简单！这样做行吗？显然不行。如果直线经理只做这些工作的话，那企业的绩效管理就只剩下一个形式的空壳，不会有好的结果。

2. 选才有道，做事有效

上述案例，是很多企业常见的现象。他们以为企业效率上不去是人才的问题，于是不断地换人，结果根本无法解决问题。卡耐基说过：“我不懂得钢铁，但我懂得制造钢铁的人的特性和思想，我知道怎样去为一项工作选择适当的人才。”

如果用人不当，个人的缺点就会影响到整个团队的表现，如果每个人都能适得其职，那么团队的整体绩效将会得到充分体现。

其实人才并非天生的，而是通过企业塑造出来的，这就好似所谓的环境塑造人才。企业不能只想到招聘企业所需的人才，而应该塑造一批适合于企业的人才，让人才在企业里不断地成长，而不是人才跟不上企业要求就换，这样永远也难以找到合适的人才。

如果团队成员的能力达不到他所在的职位要求，是不是就要把他“开除队伍”？一般来说，另换新人是最简单的方式，但也是最不可取的方式。因为人是团队领导选择的，并且在选择的时候已经对此人的能力进行了考察，如果进了团队之后再去评价此人的能力不行，那么真正的问题不是出在成员的身上，而是因为团队领导在择人经验上还不够成熟。

再者，另换新人的方式，不但会浪费时间，耽误团队工作的进程，还会打击其他团队成员的工作情绪，使他们认为自己就是团队的一个工具，用得着的时候对他们好言相加，用不着了就一脚把他们踢开。这种情绪一旦在团队里面蔓延，危害性可想而知。当所有的团队成员对团队没有“家”的认同感的时候，团队的战斗力也就不存在了。

解决这个问题，不妨采用“适才适所主义”的方法。具体来说就是不要开除他们，而是采取团队内部职位调换的方式，通过合理调换，尽量使每个成员都能做好他所在职位的工作。这样做的好处，一是节约了重新换人的时间和成本；二是让大家对团队产生认同感，让他们意识到自己是这个团队的一员，不会被轻易抛弃。如此一来，大家的工作积极性就会大大提高，团队战斗力也就会变得更强。

3. 选拔人才的三大标准

在选拔人才上面，有三个基本标准：第一是经验；第二是学历；第三是工作情况。三者俱好当然不错，人无完人，事实上很难做到，但两者具备就可量才使用。人才的大小不在于学历的高低，而在于适应不适应社会的需要，在于是否敢想、敢说、敢干，敢于去面对挑战。企业需要各种人才，如果确实拥有某一方面的专长，一定会有用武之地。

“知人善用、加强监控”，“知人善用”是指对人才的态度，管理者要知道他，了解他，用到适当的岗位，给他名、利和提升的机会。“加强监控”指的是人才必须接受制度监控，没有监控的权力必然产生腐败。

团队工作是个协作的过程，不同的职位会有不同的能力要求。一味地追求高能力人才，结果却无法给他们提供发挥其最佳能力的职位，对团队是资源的浪费，对个人则是生命的浪费。

第五节　协调企业内外的合作

当今企业面临的各种挑战非常复杂，以至于个人或单个组织已经很难解决。要想得到一个长期有效的解决方案，不仅需要组织内部的协调，还需要组织与顾客、供应商甚至竞争对手之间的协作。

如果管理者无法挖掘企业管理层或企业以外的信息资源，势必难以应对瞬息万变的时代。这就是要求管理者必须通过消除内部斗争和狭隘主义，营造出一种相互协作的氛围，只有实现内部的通力合作，才能形成外部的竞争优势。

作为新形势下的管理者，要掌握以下几种技能，才能有效地协调企业内外的合作。

1. 把公司内外的人和观点连接起来

中层管理者应该扮演企业内外的连接者，不断地同员工、客户、高层领导以及其他行业的同僚保持联系，并且在组织内部分享智慧。

要实现这点，首先是建立有效的人脉关系。这应该是超越公司常规人脉活动，扩展至其他地区和领域，并能为公司带来有价值的人脉关系。如果不能与更广阔的外界联系起来，又如何能开阔视野、了解并把握商机?

2. 自上而下的协作模型

一种协作的文化需要从公司的高层管理者开始，很多时候高级管理层之间的派系争斗使协同合作方案搁浅。管理者要为全公司作出榜样，在鼓励各个层级树立协作思维模式的同时，自己也要成为合作者。当然，协作文化的一个弊端就是会带来太多的会议，而产生的决议又太少。

3. 不拘一格用人才

有研究表明，拥有不同文化背景的人组成的团队会比来自同样背景的人组成的团队更有智慧。但是识别人才然后将他们融合在一起形成一个不同文化和年龄阶段的团队则需要特别的领导人才。管理者面对融合多种文化的多国人才团队，必须掌握跨文化管理的技巧。我们发现不拘一格用人才的管理者在协作上更胜一筹。

4. 在恰当的时候展现强力手腕

在这里要强调的是，合作并不等于在每件事都要达成一致。有时候，为了在某一件事上达成合作，公司上上下下的人会纠结在无休止的讨论中。这时，高效率的管理者就要明确地指出决策权和责任所在，在正确的时间站出来拍板决定。

5. 依靠影响力实现协作

为了让一群独立的个体在一起高效地工作，管理者要懂得依靠影响力，而非滥用权力来推动事情发展。由于在一起协作的人们会有不同的信念、价值观等，这自然会加大协作的复杂程度，但也会让协作变得更丰富、更有创意、更有价值。发挥出协作的这种价值，是协作型领导艺术的核心。

第六节　共享资源，为我所用

企业管理的好坏不是以其拥有资源的多少来评价，而是以其对现有资源的利用效率来衡量。

企业实质上是一组资源的集合体，一个企业的市场地位，不仅取决于其所拥有资源的数量与质量，而且取决于其对资源的利用效率。那么企业管理者如何协调企业内外资源，为你所用？

1. 合理分配资源

企业的每个部门正常运作都需要一定的资源投入量来予以支持，这就需要对资源进行内部分配，从而在使用过程中，能发挥最大的效用。

2. 共用

共用是指对企业依靠自身实力无法获得或不宜获得（如成本太高）的资源，采取与其他企业共同投资、共同使用的方式获得。

如上海华生电器总厂、青岛海尔集团、香港佳乐时有限公司和浙江伊迪郎等企业，共同在天津组建售后服务系统，集中为家用电器提供维修服务，降低了成本，提高了售后服务水平。

3. 战略联盟

战略联盟是指两个或多个相互独立的企业，为了共同的目标而建立长期的战略伙伴关系。

战略联盟的形式很多，如产品联盟、采购联盟、销售联盟和知识联盟等，其中知识联盟是具有知识经济时代特点的联盟形式。

知识联盟的目的是缩短研发时间、降低研发成本和提高创新能力。如日产公司和浙江吉利控股有限公司的战略联盟。

4. 有效整合资源

局部最优不能保证系统最优。整合资源的目的就是使现有的资源相互配合与协调，使之达到整体最优。有效地整合资源不仅能帮助企业取得预期的效果，而且为竞争对手的模仿制造了障碍。

第六章

中坚领导力——管理制度化，领导人性化

2200 多年前，阿基米德说：“给我一个支点，我就能撬起地球！”和阿基米德一样，很多管理者需要的也是一个支点，一个有效撬动别人力量和智慧的支点，一个借助团队力量的支点。这个支点就是卓越的领导力。古时候有句话叫“一将无能，累死千军”，作为中层，你要记住，如果自己缺乏领导力，照样能够“累死千军”。

第一节 从管理者到团队领导

优秀的管理者一定要做好这样的准备——在当好部门经理的同时还要成为一个团队的领导者。道理很简单，如果员工在一个得到很好领导的团队项目中发挥了很大的作用，那么他们就会更多地参与到团队工作中来。个人更多地参与团队决策能提高产量和质量水平，结果就是人人都从中获益。

如何让自己成为一名领导者，而不仅仅是一名管理者呢？这需要管理者在角色方面进行适当地转变和调整。

1. 从策略者到“远景”者

在组织内，一直以来管理者都被教育自己应该是一个现实主义者，一个“实践”者，同时也被告知不要“梦想”那些荒诞的想法和念头。所以，很多的管理者就把工作重心放在如何去构造企业的体系，按什么样的方式来实现企业的目标，强调的是战略战术。但是如今更强调的是一种远景，它比策略更重要。

因为策略本身具有很多的不确定性，如果管理者试图通过策略来吸引一些跟随者，往往不一定能够实现目标。下属对于领导者如何做事情并不感兴趣，但是如果领导者给下属展现的是一种远景，是一个宏伟蓝图，此时，下属愿意跟随领导者去共享这种荣耀。那么一个好的远景，应该具有什么样的条件呢？

（1）理想性

一个好的远景应符合人们对于未来的一种期望，具有很好的激励性。它能够创造出一种骄傲、自尊、活力和成就感。

（2）吸引性

一个令人心动的远景目标，能够引起广泛的关注。为了便于记忆，企业远景都可以用简洁的文字来表述。例如，索尼公司的远景就是体验进步所带来的一种喜悦，并且运用对公众最有益的技术；沃尔玛让普通人也有机会可以买到跟有钱人相同的东西；还有我们所熟悉的迪士尼乐园，他们的远景就是六个字：带给人们欢笑。

（3）可实现性

一个好的远景应该具有一个能够反映人们高度理想的卓越标准。

（4）统一性

远景要符合企业的文化和价值观认同。

2. 从一个“情感管理者”到“情感触动者”

想成为领导者，管理现有的情感是不够的，引发合适的情感是必不可少的。引发这些情感并不需要经过一个逻辑的过程，事实上，几乎和逻辑相反。例如，承诺在项目结束时给予员工巨额奖金就可以让他们产生强烈的情感。

领导者如何才能成功地调动员工呢？首先，必须找到一个能激发员工的目标因素，激发并忠于这个因素，而且领导者要通过创造神话、象征甚至幻想的方式感染人的方式来呈现这个因素。其次，领导者必须精确估计追随者对他们的所做会有什么样的反应。他们不会因逻辑上的不一致而惭愧。如果他们想成为领导者，重要的是整体的效果、管理者必须知道怎样带来这种效果。

3. 从一个标准的跟随者到标准的制定者

有这么一种说法：不能够服从命令的人也不能够命令他人。在军队里这可能是对的，但对一个领导者而言却是错误的。领导者有能力看到一个新的愿景、一个新的机会、被大家所追随的理想，而且这包括了对现状的创造性破坏。从这个意义上说，领导者不是秩序的卓越遵守者，而是一个传统标准的破坏者。

这对一个渴望成为领导者的管理者有着非常重要的意义，特别对那些已经被训练成遵守规则、不愿去打破平衡的管理者尤其重要。管理者认为，与那些在思考和行为方面更有秩序的人打交道是更舒服的。

但是，一个有潜力的领导者对现状会产生一定程度的不安并提出一种设想，他必须决定应该怎样以及什么时候表达自己的不安及设想。这些不安和设想可能会给组织和个人的生活、职业带来混乱。整个职业生涯被有效地制约着，大多数管理者都是在危急时刻才会改变对策，而不是在幻想和灵感的刺激下主动做出改变。

第二节　制度管理与人性领导，两者缺一不可

要达到管理的最终结果，或者说要达到管理的最好效果，在实践中，"制度化管理"与"人性化领导"必须并驾齐驱，两者缺一不可。偏废任何一者，都将招致不可预料的不良后果。

如果只有"制度化管理"，而没有"人性化领导"，后果会怎么样呢？后果就是管得了事，却管不了人。

1. 没有人性化的管理，员工没有归属感

相信管理者对"制度是'死'的，而人是'活'的"这句话并不陌生。它从某种程度上反映了人生来就不喜欢被约束、被管制。如果管理者在工作中只强调制度化管理，没有人性关怀，必将导致下属对公司制度产生抵触情绪。为什么会这样呢？要了解其中的原因，得从制度的特征谈起。

制度的特征之一是"死板"。在制度管理之下，难免出现工作气氛沉

闷，员工的冲劲与干劲都受到压抑的现象。这时，如果没有人性“润滑”，团队必将士气低下，状态低迷。员工都死气沉沉，公司还谈什么工作效率。

制度的特征之二是“无情”。一味地制度化管理，会让员工把经理、公司、老板与“无情”画上等号，员工觉得他们跟公司之间只有利益关系。在这种环境下，员工对公司就没有归属感。

在“无情”的制度下，如果领导没有适时给予下属关怀，有可能招致严重的后果。

2. 没有制度的管理，出事找不到责任人

没有人性化的管理，会让员工感到窒息，甚至酿成难以预料的后果。这是不是意味着管理只要讲人性就可以了？如果只有“人性化领导”，而没有“制度化管理”，后果是：管得了人，却管不了事。

记得，我给一家台资公司培训时，发现该企业就很注重人性化管理，可是管理效果不尽如人意。平时，企业对管理较为宽松，以员工为中心，改原来制度中的罚为奖，组织各种活动吸引员工来参与，提高员工福利，使每个员工感受到家庭般的温暖。但是，就是这样的一家企业却出现了较多病症。

公司人性化的管理和对员工的尊重，经过多年的实施以后，致使大部分老员工产生了“公司理应如此”的思想，同时员工甚至管理人员看到公司管理宽松，开始出现自律性不强，工作积极性欠缺，责任感较差等不良现象。

如个人电脑下班不关，下班铃声一响立即离开，即使当日的本职工作未完成也不配合加班等。

3. 制度化与人性化相结合才是最有效的管理

案例中的这家台资公司推行人性化管理，突出了员工在管理过程中的主体地位和作用，管理宽松，尊重员工，注重提高员工待遇，创造良好的工作条件，提倡自我管理等，但却放松了制度约束。如果说在人性化管理过程中只是讲感情、重“亲情”、照顾情绪、满足需要，而放松制度约束，那么这不符合人性化管理的本质要求。其原因如下：

第一，人性化管理是以严格的管理制度为依据的，是具有科学性和原则性的，它是基于人的人性特征而实施管理的一种模式。一旦失去科学的制度依据，管理就会趋于人情化。如果单凭管理者个人好恶进行管理，非常容易走偏。中国社会是一个注重血缘、人情传统的社会，如果不用理性的尺度去丈量、规范管理者的行为，企业管理难免会缺少公正、公平，员工就会受到不平等的对待。离开制度管理来谈人性化，也就离开了管理的前提和基础，失去了管理的方向和目的。

第二，企业必须要有一套严格、完善的管理制度，对员工的行为加以约束和规范，形成一种流程标准化、监督制度化、考核系统化的管理模式。严格的制度看似冷酷无情，但它却是企业正常运转和不断发展的保证。科学的制度化管理不仅符合企业的整体利益，同时也符合员工个人的利益。

第三，在管理实践中，人性化管理要重视人性，但对人性不能放纵。

一方面，在管理中要充分尊重人性，以人为本，使管理贴近人性；另一方面，又要看到人性的弱点与消极面，对人性的弱点与消极面不能放纵，不能无原则、无限制地张扬。否则，人性的弱点与消极面会阻碍管理。只有这样才算是真正的、有实践意义的人性化管理。因此，健全的制度是企业运行的基础，再先进的管理理念和方法，如果没有制度作保障，也会变成无源之水、无本之木。

4. 制度化与人性化有效结合的方式

制度具有约束性和强制性，因而制度是刚性的。如在刚性的允许空间范围内保持一定的柔性，使之刚柔结合，则能弥补刚性的不足，从而提高制度的效能。建立刚柔相济的管理制度需要遵循以下三个基本要求：

第一，民主化。在制度的制定过程中必须高度发扬民主，让下级和员工参与制度制定，听取他们的意见和建议，集中他们的才识和智慧，反映他们的意志和愿望，把共识和承诺变成制度，这样的制度才是有效的。只有员工从认识上理解制度，从态度上赞成制度，从感情上拥护制度，才能从行为上遵守制度。

第二，人性化。在制定制度时需要从尊重人和爱护人的角度出发，使制度合乎人的实际，关注人的态度，体现人的意志，表达人的愿望。在执行制度时要充分考虑人的个性，尊重人的感情，顾及人的尊严，不伤及人的合法权益，在制度原则范围内，给违规员工更多的改过机会，使员工感到企业是在真心实意地帮助他们，而不是想跟哪一个人过不去，从而将人性化管理融入到企业制度管理之中，更好地激发员工的内在潜力。

第三，弹性化。企业内外环境在不断变化，制度也必然随环境变化而变化，没有亘古不变的制度，也没有在任何情况下都适用的制度。因此，不仅制度要随环境变化而修正，而且在制定制度时必须要保持一定的弹性，以利权变。若制度只有刚性而无弹性，必然会失去活力。

所以，管理者要达到管理的最终结果，或者说要达到管理的最好效果，在实践中，“制度化管理”与“人性化领导”必须并驾齐驱，两者缺一不可。

第三节　管理者，关键在于管人

从哲学的角度上说，领导学属于世界观的范畴，而领导力属于方法论的范畴，属于技术、方法的层面。领导力不仅贴近领导工作实际，也更符合中国人的思维和阅读习惯。领导力重在方法，重在技术，但究竟如何用，如何走，还需要管理者在具体的情境中去感悟、去探索。

真正的领导力不在于拥有一个职位或头衔，要想成为优秀的管理者，要想使员工追随你，不是因为他们不得不听你的，那么你必须掌握投资于人并鼓舞他们的能力。

为了实现领导力的突破，必须卓有成效地领导并建立一个富有生产力的团队；你还必须帮助员工提升自我技能，进而使他们成长为新一代管理者。

管理者如何激励他人自愿地在组织中做出卓越的成就；讨论的是管理者如何通过实际行动，把理念化为行动，把愿景化为现实，把障碍化为革新，把分裂化为团结，把风险化为奖赏；讨论的是管理者要创造一种氛围，让人们在此氛围下抓住极富挑战性的机会，取得非凡的成功。我的理解是作为管理者如何管好人有四种境界。

第一境界：领导顺应规律，合乎民情，因而员工感觉不到他的存在。

第二境界：热爱员工，亲近员工，带领员工创造高业绩，得到员工的交口称赞。

第三境界：对着员工发号施令，员工畏惧他而且疏远他。

第四境界：在员工头上作威作福，员工辱骂他。

其中第一境界，就是上面提及的领导就是服务，融入团队中，默默地支持员工冲锋陷阵，甚至让人感觉不到这个领导的存在。

1. 善于听取员工的意见

员工向你提交意见时，你要以开放、放松、积极的肢体动作迎接他们，还要专心聆听，甚至当着员工的面做笔记。听完意见要及时回馈，让员工知道你是多么重视他的意见，他有多么的重要！

请看下面三个案例。

案例一

杨经理有个下属，经常喜欢给他提意见和建议，他对这个下属的这种行为也习以为常了。有一次，这个下属又来提建议。下属正要开口时，杨经理不耐烦了，双手在胸前一抱，脑袋一扭，劈头就说："不就那几条吗，快说！"那个下属一看情形，到嘴边的话又憋了回去，发誓：从此再也不给杨经理提建议了。

案例二

老梁在公司干了半年多，总结了几条建议，一天，他鼓起勇气敲开了关经理办公室的门，说："关经理，现在方便说话吗？我有几条建议想提一提。"门一打开，只见关经理和蔼可亲地出现在面前："是老梁啊，来，你这里坐。"关经理一边说一边指了指旁边的座位，还给老梁倒了一杯水，老梁有点忐忑不安地坐了下去，说："关经理，我有几个建议……"

这时候，关经理立刻随手拿起了旁边的笔记本，一边仔细地聆听，一边认真地记笔记，老梁真有点受宠若惊的感觉。几条建议提完之后，关经理稍等了片刻，看老梁没有继续往下说，就问："还有其他吗？"

老梁只准备了这几条，听关经理这么一问，立刻沉思起来，紧接着，又补充了两条建议。当老梁提完后，关经理又问："还有其他吗？"这回，老梁绞尽脑汁，也想不出了，于是说就这些。关经理仔细看了看笔记后，又认真地看着老梁说："老梁，我现在就回复你一下。第一条，提得很好，这是我们部门一直以来的一个盲点，立刻采纳；第二条，等下周一员工会议上，我交给大家讨论后，再答复你；第三条，等下我就转告财务，让财务核算一下，看能否支持到我们这样去做，之后才能回复你；第四条……最后，我代表公司，也代表自己，衷心地感谢你的建议，欢迎你再接再厉。"关经理认真地回复了老梁的问题，当老梁离开关经理办公室之后，老梁感觉自己整个人都开始飞起来了。原来我们经理这么重视我，原来自己是这么厉害！

案例三

有一次，在干部会议上，某领导在台上宣导他的最新的行销方案，即下一步的行动计划。宣导完后，他问："各位主管，关于刚才那个方案，你们有什么建议？现在大家来提一提。"陈经理早已按捺不住，就站了起来说："某领导，我有三条建议，一是……"

第一条一说完，只见领导大手一挥，说："这条行不通！"陈经理接着讲第二条，领导又说："这条也行不通，我们公司跟其他公司不一样。"没有关系，陈经理继续讲第三条，一说完，只见领导还是大手一挥，说："这条还是不行，理由我都不用说了。"

如果陈经理跟领导之间是单独沟通的，他这么对待意见，陈经理不会觉得怎么样。可是在众目睽睽之下，陈经理有一种极大的挫败感，感觉后脑勺是凉丝丝的，似乎听到旁边的主管发出这样的声音："哼，提什么提！一条也没用！"从此，陈经理再也没有向这位领导提任何的建议和意见。

不同的管理者有不同的管理风格，这也决定他们有不同的职业生涯。你是否能从这些案例中得到启发？

作为管理者听取员工的意见不仅仅可以使自己思想畅通，更主要的是这种虚心听取员工意见的态度会使员工觉得你平易近人。开明纳谏，很容易使他们心甘情愿地为你出谋划策，尽心尽力地帮助你走向成功。

2. 欢迎发牢骚

有的下属很爱发牢骚，可一些领导对爱发牢骚的下属持不欢迎、不接纳的态度。殊不知，听取牢骚也是管理者了解情况的一种渠道。

如果有一天你的下属在你面前发牢骚，请问这是好事还是坏事？当然是好事！下属发完牢骚，一定有两件好事：一是他确实有牢骚，他发完了，问题得到解决了，他就释放了，就没事了；二是假的牢骚。他所做的工作，所做的成绩，你也许没有注意到、关照到，于是他会通过这种方式发泄出来，让你看到他所付出的努力。所以，那根本不是牢骚，他是在向你寻爱，需要你的表扬，你让他充分地表达，他就舒畅了。

因此，当你有下属向你发牢骚时，你不能厌弃他们、冷落他们，而应在日常工作、生活中主动接近他们，跟他们进行面对面的沟通，不仅要欢迎他们提意见，还要希望他们多提建议，鼓励引导他们善于提建议、善于提出解决问题的思路和方案。这样，才能密切你同下属的关系，赢得下属的支持，减少工作中的阻力。

3. 做下属的坚强后盾

优秀的管理者，首先是一名优秀的教练。作为主管，如何做下属坚强的后盾，如何带领下属创造高业绩？这是每一位主管都非常关注的。

要提升下属的绩效，归根结底，就是做好两件事：一端正态度，二提升能力。做好这两件事，都需要管理者做好员工辅导和培育的工作，即员工心理辅导，态度端正，能力训练等。要做好这一工作，管理者就要扮演一个角色：教练。因此，管理者首先是一名优秀的教练。

那么，如何做好一位优秀的教练呢？请看母老虎是如何教幼虎的。

老虎俗称“兽中之王”，但是，它跟其他动物一样，不可能天生就是强者。那它又是如何当上“兽中之王”的呢？这要归功于母老虎。当小虎崽出生后，母老虎跟所有的母亲一样，对小虎崽关怀呵护，关心备至，每次捕获到食物，都拿回家里跟小虎崽一起分享。

当小虎崽渐渐长大后，残酷的一幕就开始出现了。母老虎也把捕获的食物带回家，不过，不给小虎崽吃，而是让小虎崽在一旁看着妈妈吃。小虎崽馋得直流口水，还是不给吃，直到母老虎把肉都吃光光了，最后才把剩下的骨头一脚踢给了小虎崽。

还好，小虎崽吃骨头上剩下的肉也勉强能吃饱。下一步，更残酷的一幕出现了，母老虎把捕获的食物当着孩子的面，全部吃光光，这次连骨头也不给小虎崽吃，一脚把骨头踢得不见踪影，然后吼叫着赶着孩子出去自己去找吃的。就是这样，才训练出了无数的“兽中之王”。

如果你想越做越轻松，只有一个选择，像母老虎一样，不断地训练你的下属。

“教练五部曲”，让你成为优秀的管理者。接下来，我们来看某公司销售部程经理是如何通过“教练五部曲”训练下属的。

首先，程经理在课堂上给下属传授业务流程、业务技能等知识。其次进入实操，把下属带在身边一起拜访客户，先吩咐好了：你坐在旁边，一边听一边做笔记，不需要插嘴。于是，程经理与客户沟通的时候，下属就坐在旁边一边聆听一边观摩一边拼命做笔记。从客户处出来后，程经理就问：“刚才我是怎么与客户沟通的？”

下属就会对照笔记一五一十地汇报：我刚才看到程经理第一步建立信

赖感，第二步找到对方的需求，第三步挖掘痛苦扩大痛苦，第四步塑造产品价值……程经理一边听，发现有遗漏，立刻补充。当你带上下属拜访过两三个客户后，就不再带了，而是由下属亲自出马，程经理在后面跟着，扮演下属的助手，下属与客户沟通，程经理一边聆听一边观察一边记录。

从客户处出来后，程经理做回主管的角色，问：“小李啊，刚才你的流程是怎么走的，复述一遍给我听听。”程经理一边听一边针对小李刚才存在的问题一一纠正，小李认认真真记录下来。接下来，程经理跟随小李再拜访两三个客户，就不再跟随了。最后，每次拜访客户后，下属只需向程经理汇报，程经理听取汇报了解情况。

这就是教练五部曲。

第四节　让领导力在团队中释放

某企业销售部的一名销售员小黄平时工作积极主动，爱往客户那跑。在销售经理眼里，将是一个优秀的销售员。但小黄也有个致命的缺点——丢三落四，这一缺点，似乎跟他的勤快相生相伴。在公司待了近半年，在出差路上，小黄不是丢钱包，就是落了公文包。

有一次，小黄竟然接连丢了两份公司的盖有公章的合同书。按照公司制度，遗失公司有效证件，要么敦促当事者登报声明遗失，要么每份罚款500元。小黄嫌麻烦，没有采取登报遗失声明的办法，而是由财务部在当月发放工资时代扣了1000元作为罚款。这一罚款，不大也不小，几乎把小黄的月基本工资扣去了一半。小黄看似若无其事。谁知道，没过几天，小黄就玩起“人间蒸发”了，没有上班，没有音讯，连电话号码也换掉了，怎么也联系不上。

面对这种情形，管理者怎么办？你当然可以埋怨现在的员工太过脆弱，但是埋怨与责怪下属，绝不是管理者的出路。优秀管理者在问题面前，永远主动探索解决之道。如果你是这位上司，怎么办？

首先，作为管理者，你必须有个清醒的认识，下属扣款上千元，对于员工来说，一定是件天大的事。那么，你有无主动找到下属探询解决办法？比如：帮助下属采取登报遗失声明；或者跟财务沟通，延缓一个月，让下属再继续仔细找找看。如果确认的确找不到，而下属又一时手头紧，代表下属跟公司沟通，争取延后一段时间执行处罚……做到以上预防措施，相信就不会出现员工出走的情况。

也许有管理者会说，忙得顾不上，或者一时大意。那么，我们至少还有一层“防护网”，这张网无形，但是力量很强大。往往在关键时候，这张“防护网”能起到力挽狂澜的作用。这张“防护网”是什么？

下属跟上司“玩失踪”，摆明了就是要跟上司断情绝义。难道现在的员工都寡情薄义吗？不见得。况且，受到公司处罚，责任在于本人而不是上司。作为管理者要反思的是，你对下属做到了有情有义吗？如果做到了，你有让下属充分地接受到你的“情与义”吗？

恭喜你，当你思考到这一层时，我们已经涉及一个深刻的管理智慧——如何驾驭部属于无形？如何让你的领导力在团队中释放？

1. 驾驭部属于无形，首先管理者是一名优秀的“骑手”

所谓优秀的“骑手”，是指管理者具备功勋卓著和才能超群的领导特征。管理者的这一特征，特别容易让下属产生崇拜心理，甚至把它奉为自己行为的楷模。因此，一个管理者要想得到下属和同事的臣服，就必须具有高于他们的才能，并在实践中得到充分表现。

孔明初出茅庐时，尽管已有不少人反复宣扬他，但关羽、张飞仍心存疑惑。博望坡一仗，孔明料事如神，关、张才从内心里佩服。

赤壁大战中的周瑜，年少得志，但刚被任命为都督时，威信也不高，甚至有令不行。他第一天升帐，老将程普就托病不到。然而后来面对曹操数十万大军的进攻，周瑜部署得当，充分显示了卓越的军事才能。程普感叹地说：“真将才也，我如何不服！”

可见，只有在自己的工作实践中，充分显才露智，创造出令人瞩目的实绩，才能逐步征服人心，树立起自己的威信。如果没有真才实学，没有显著的成绩，任你如何吹嘘，下属终将是将信将疑，甚至还会产生反感。所以，优秀的管理者都十分重视自己的言行，通过自己的实际行动，塑造好在下属心目中的形象，树立起在下属心目中的威信。

当然，在下属心中树立起你的威信，一定不是一劳永逸的。不要以为初战告捷，树立起了一定威信就万事大吉了。因为事物总是在发展的。权威也是一种变量，它没有停滞不变的时候。管理者务必是波浪式推进。因此，要注意在实践中打好第二仗、第三仗……不断把工作推向前进，这样，自己的威信才能与日俱增。

2. 驾驭部属于无形，需要管理者具备卓越的领导力

古训“谋之以众，断之以独”告诉我们，管理者在领导中，研讨问题要民主，要广泛听取大家的意见；而决断要果敢，甚至很多时候表现为“独裁”，在意见纷纭中力排众议，管理者必须为自己的决断负完全责任。

众谋，首先是正确决策的需要。伟大管理者毛泽东同志告诫我们：如果没有民主，不了解下情，情况不明，不充分收集各方面的意见，不使上下通气，只由上级机关凭着片面的或者不真实的材料决定问题，那就是主观主义的……这段话充分地论述了民主，即众谋的重要性。其次，众谋，本身就是团结下属的重要手段，即这里说的驾驭部属。管理者能听取下属的意见，下属会感到他得到了你的尊重，于是他也就会尊重你，服从你的指挥。

但一个管理者如果只知道“众谋”，而不懂得“独断”，即只知道民主的重要性，而不懂得集中的重要性，那必定是位平庸的管理者。因为在实际工作中，下属的意见难免带有片面性。这时，管理者要积极引导，敢于力排众议。这里所说的“独断”，并非指鲁莽的“武断”。它有三层意思：

一是指具备决断能力。没有一定的理论水平和实践经验，就不可能有较强的“独断能力”。所以，管理者要注意提高自身的理论水平，并丰富自己的实践经验。

二是指要敢于决断。要审时度势，抓住火候，不失时机，果断决策。切忌优柔寡断。常言道：“当断不断，反受其乱。”

三是指要有坚强的韧劲。一经决断，就绝不可朝令夕改。《道德经》第六十章说：治大国，若烹小鲜。它告诉我们，管理者一旦作出决断，就

好比烹饪小鱼一样，不能朝令夕改，经常翻动它。政策多变，就失去其权威性，管理者要驾驭全局就无从谈起。

3. 驾驭部属于无形，具有极高的艺术性

驾驭部属于无形，是一门极高的艺术，是领导艺术中非常重要的一项（领导艺术有：决策的艺术、创新的艺术、驾驭的艺术、统筹的艺术、协调的艺术、授权的艺术等）。

因此，作为艺术，它是一个过程，一个很复杂的过程，它的特点主要有：

第一，规范性与创造性的统一，创造性色彩更重。因此，它没有固定不变的模式。

第二，原则性与灵活性的统一，灵活性色彩更重。驾驭部属的艺术具有高度的灵活性。管理者处理问题要遵循一定的原则，但不要将这些原则当作死板的教条，而是一切以时间、地点、条件、对象为转移，凭借广博的知识、丰富的经验灵活地运用原则。

4. 驾驭部属于无形，是与下属互动的过程

有一句话叫“啐啄同时”。意思是，蛋壳中的幼鸟，为了击破蛋壳而出世，由内不断啄壳谓之“啐”。同一时间，母鸟则由外以嘴叽击壳谓之“啄”。母鸟之所以由外击壳，是希望孵化出的幼鸟能更顺利地破壳而出。如果双方配合不当，就会断送小鸟的性命。

同理，管理者驾驭部属于无形，就是一个与下属“啐啄同时”的互动

过程。下属需要经理，经理同样离不开下属。部属如果不行，则主管再怎么能干也成不了事，反之，优秀的部属如果遇到无能的主管，同样做不出什么好成绩来。也就是说，主管和部属都必须是个“才”。而下属是不是个“才”，取决于管理者的三件工作：一是前期选拔中要慧眼识英才；二是工作中要不断辅导教练；三是管理者领导有方，实在无法栽培的下属，管理者就得考虑换人。

第五节　构建中层领导力

中层是企业的中坚力量，在组织中起到承上启下的作用，中层的职业素质、管理能力和领导能力决定了业务发展的速度，决定了组织能否带领出一支优秀的员工队伍，决定了能否有效达成组织经营目标和业绩。正所谓“一将无能，累死千军”。小到班排长，大到集团军司令，都是一样。企业需要大力选择好、培养好、管理好管理者，牢牢握紧中层领导权，形成企业运营中不可或缺的一批中坚力量。

那么，中层管理者如何提升领导力呢？

在我们看来，可以把中层的领导力分为三个层次，即自我领导力、团队领导力、组织领导力。自我领导力是自己领导自己的能力，要想领导别人，首先得领导自己，这需要用阳光心态来实现。自己牢牢站稳了，才会有魅力吸引其他人。具备情商和影响力，能够引领其他成员，就会形成团队，可以用“从”来表示团队领导力；这个团队有动力、有愿景、有魅力，拥有共同的价值观，才能吸引更多的人，形成组织，可以用“众”来描述组织领导力。

1. 自我领导力——乐观心态

乐观心态是一种与环境相适应的积极心态，在任何环境下具有足够的自我平衡力。乐观心态是一种充满动力而又淡定从容的心态，认为事情是中性的，没有大小、好坏、对错之分。事情是两面性的，就如同硬币，得到了一面，同时也得到了另外一面。

不喜欢这面，换一面看，也许会有新的发现。视角不同，发现就不同。一个人就是一块砖，加入了一个组织，就是参与了一面墙的构建，上挤下压是正常的，要想到自己也在压别人。你所经历的，别的“砖块”也曾经经历过。

你自己不相信的事情，也难以让别人相信；你不能说服自己的事情，也难以说服他人。经理人员的一言一行都会对下属的行为产生潜移默化的影响，管理者必须经常修炼自己的人生观和价值观，不断提升自身的职业素养。管理者要在日常工作的行为和细节上不断修炼自己，有时候，表面上不起眼的小事，往往却能极大地影响到人们的行为。

有的企业中层不是讨好下属，就是贬低下属，就是不会以情动人，从他嘴里说一句“需要我帮助你吗?”比登天还难，现在这个社会，智商太低做不了中层，情商太低做不了好中层。

我们有一家客户是制造企业，春节前后生产任务相当紧张，就动员员工在工厂过年，以便加班完成年度任务。春节期间，有文化单位给该工厂送了不少庙会的票，领导就把这些票发给员工，员工也很高兴，他们有的自从来到工厂还没有进城逛过庙会。工厂决定安排班车送员工进城，多好的团队活动，多好的一次体现公司关爱员工的机会，结果值班的经理最后把这次活动取消了。原因是参加的人太多，一辆车装不下。他考虑的不是为员工送快乐，送温暖，让员工感受工厂的对他们的关爱，然后去借辆车帮助员工实现他们的愿望，而是认为人太多，车装不下，不借车可以省点钱。

这样的中层不是好中层，省下的是一点点车钱，但是失去的却是长久的人心，什么是大账，什么是小账，算不清楚。因为他是个冷血动物，无情地取消了这次活动，员工的心拔凉拔凉的……

善于借助日常工作和生活中的小事去积极影响他人，这是领导者必须具备的影响力。管人的真谛就是通过自我领导而影响他人，通过影响和改变下属的工作态度和行为，从而实现领导他人。

此外，还要以感恩的姿态存在于组织之中。也许自己也在抱怨，生活中上有老下有小，工作中上挤下压，生活和工作压力都很大，但正是因为有了组织的存在，才能使自己的生活得到保障，并拥有了发展的平台。虽然处于中层，但是毕竟已经从基层上升到了这样的高度，还有多少人处于自己曾经奋斗过的路程当中。

2. 组织领导力——以组织的价值观为本

组织是价值观彼此认同的人聚集在一起，并且实现自我价值的平台。每个人的自我价值都要在其中得到实现，而且个人价值最大化是一只无形的手，这只手在调动个人的能力和兴趣，同时，也在调动社会的资源。

由于一个人做事的最大动力是自我价值实现，因此，在为组织做出贡献的同时，自己也在直接或间接地利用组织来实现自我价值。

你能走多远，取决于与谁同行。通俗地说，就是“跟着狼吃肉，跟着狗喝汤”。与组织的价值观一致，才会获得高层的信任，才能获得更多任务委派，能力才会得到提升。如果能力和价值观符合组织和高层的要求，自然就会晋升到高层的位置——这是在一个规范的组织中升迁的路径。

3. 团队领导力——情商和影响力

情商是指人对自己的情感、情绪的控制管理能力和在社会人际关系中的交往、调节能力。简单定义，情商就是管理情绪的能力。不论企业的中层还是高层，首先应该学会认识他人的情绪，站在利益相关人的角度考虑：换位、到位、不错位、不越位。

中层领导者应学会移情换位。位置是个硬币，中层虽然上挤下压，向往高层，但是高层也有高层的苦恼。当中层希望薪酬越高越好的时候，高层关心的是组织如何生存和发展，甚至是员工能否按时发出工资。

组织如同金字塔，压力是自上而下传递，因此，塔顶端的压力是最大的。当你抱怨高层对自己过于急躁时，用情商的原理就可以理解，上级正面临着更大的压力，自己也就会心平气和。

第七章

中坚影响力——感召下属，影响全局

罗伯特·西奥迪尼说：“有一些人清楚地知道影响力的武器在哪里，还能够熟练地驾驭这些武器来达到自己的目的。他们在社会上闯荡，恨不得让每一个人都按照他们的意志来行事，而且他们总是能够如愿以偿。其实，他们成功的秘密就在于他们知道怎样提出请求，知道怎样利用身边存在的影响力武器来武装自己。”

具体到管理者，要想让自己的领导力得以强化，要想成为一个更成功的管理者，同样应善于使用自己的影响力武器，来对员工施加影响。事实也是如此，那些富有领导魅力的管理者往往都是在下属中极具影响的，具有影响力在一定程度上可以称得上是成功管理者的代名词。

第一节　工作中塑造权威性影响力

成功管理者靠什么改变世界？靠影响力。如果一个管理者被认为是缺乏影响别人的卓越能力，那么他的前途是非常暗淡的。决定一位管理者是否优秀的因素，被普遍认同的就是影响力。

然而影响力的提升不是仅靠手中的权力来施压的，它更多的是强调领导者的个人魅力，这就要求，无论是你的行为准则，还是你的思维方式，都是符合团队成员要求的。简单地说，就是无论你在说话还是做事方面，都不要令人反感。你要领导别人，尤其是一个团队，首先就是要让别人接纳你，理想的状态是喜欢上你，实现这样的效果后，他们对你的尊敬才会慢慢培养起来，你的影响力才会逐步提高。

那么，作为管理者如何形成卓越的影响力？

1. 形成影响力的要素

作为管理者，要想形成卓越的影响力，必须具备以下几方面的能力：

（1）以身作则

一个简单而有效的影响别人的方法是以身作则。你可以通过以身作则来领导或者影响他人，以达到你的目的。领导可以通过以身作则来传播企业文化的某些方面。作为领导，你可以通过你自身的行动来传播价值观和传达各种期望。对于那些显示忠诚、做出自我牺牲以及承担额外工作的行为特别要以身作则。

（2）相互帮助

假如另一个人将帮助你完成一项工作，那么主动提出帮助是另一种常用的施加影响的策略。通过交换，你与对方达成协议。这种交换常常被视为愿意在日后进行回报。假如对方帮助你完成一项任务，这种交换还可包括答应分享利益。

（3）真挚情感

在职场中，管理者必须具备真挚的情感。用假情假意欺骗员工，总会被揭穿的。管理者只有真心付出，才能获得员工的爱戴与拥护。

（4）高尚人格

情感真挚的前提是具有高尚的人格。身为管理者，在必要的时候，要为员工做出一些牺牲，这种牺牲需要高尚的人格作支撑。把所有的荣誉都揽给自己，把责任都推给员工的管理者，最终只会被孤立。在实际工作中，或许根本不会出现需要流血牺牲的场面，管理者只要真诚地为员工做一些力所能及的事情，就可以让员工感到欣慰。

（5）人际网络

人际网络的形成对把握职业生涯（包括成为一位具有影响力的人）来说是很重要的策略。建立网络以及在需要时寻求支持的能力，有助于一个管理者对他人施加影响。比如，一家银行的分行经理在需要拓展业务空间时要利用人际网络，除了他的顶头上司外，还有他的主要客户。因为客户有利的评价能使他的上级更容易接受他的提议。

（6）工作业绩

业绩才是硬道理，管理者只有拿出好的工作业绩，才能让人尊敬、佩服。

2. 培养影响力的途径

管理者培养影响力可以从以下四个途径入手：

（1）共享愿景

管理者要向员工描绘美好的生活蓝图，带给员工对未来生活的美好期望和憧憬。只有奋斗目标一致，团队才能迸发出巨大的能量和激情。

（2）使众人行

管理者只有从术、势、道三方面包装自己，展现自身的魅力，才能对员工形成号召力。

（3）挑战现状

管理者要承担起变革与创新带头人的角色，只有不断地进行变革，团队才能永葆活力。

（4）激励人心

作为管理者，要及时总结公司阶段性的工作成绩，并向员工公布。优秀的成绩会激起全体员工的工作热情，并且增加信心向着更高、更好的目标迈进。

第二节　卓越影响力背后的特质

一个有强大影响力的人，身边总是会有很多的朋友，因为他们总是不自觉地会受到他的吸引；一个有强大影响力的管理者，做起事来总是轻松自如。人与人的交往，常常是影响力之间的较量，只有具有卓越影响力的人才能成为真正的强者，才有可能成功。

因此，如何塑造个人影响力、如何通过个人影响力来创建一个超级团队，是现今企业管理者们必须修炼的课程之一。

管理者的影响力，与自身人格魅力密不可分，提高自己的影响力必须从塑造高尚的人格魅力入手。一般来讲，管理者塑造人格魅力必须具备以下五个特质：

1. 委屈中求平衡

成功的管理者必定要能承受得起委屈。韩信受胯下之辱，越王勾践卧薪尝胆之后终于报仇雪恨。想要最后获得成功关键是懂得在委屈中求得平衡。

2. 妥协中前行

管理者要具备妥协的品质，学会在妥协中前行。在人际交往中，如果不懂得妥协和适时弯曲，往往会使双方不欢而散。只要双方的矛盾没有上升到敌我对立的严峻程度，就都可以忍让、退步，在妥协中前进。

3. 虚怀中充实

作为管理者，要有虚怀若谷的精神，善用君子，也能驾驭小人。管理者要用宽广的胸怀接纳和包容，最大限度地调动下属的聪明才干。

4. 放弃中收获

职场人士往往会面临名与利的争夺，优秀的管理者不应该计较一时的荣辱得失，要学会在放弃中收获。放弃现在是为了以后更多的收获，后退仅是为更大跨步做准备。

5. 谦卑中完善

管理者要时刻保持谦卑的态度，并不断地完善自己。职场如战场，变幻莫测，张扬高调的人最容易成为他人攻击的对象，保持低调、谦卑的人生态度不失为一种明哲保身的方式。

管理者只有懂得珍惜组织赋予的权力，善用高尚的人格和修养管理员工，才能最终起到影响员工的作用。

第三节　施展自己的非权力性影响力

非权力性影响力是相对权力性影响力而言的。它较之权力性影响力具有更大的作用。非权力性影响力才是在领导影响力中起决定作用的力量，是领导影响力的关键所在。既然非权力性影响力在领导影响力中的地位如此重要，那么，管理者务必重视这一问题。

1. 非权力性影响力产生的因素

（1）品格因素

品格因素是指管理者的道德品质、人格、作风等，它集中反映在管理者的言行之中，是构成管理者非权力性影响力的前提因素。如果一个管理者具有优良的品格，如严于律己、以身作则等，会使下属产生一种发自内心的敬佩感，更具有号召力，吸引人去效仿。

在实际工作中，只要你留心观察，就不难发现，一个具有优良品格的管理者，可以通过自身的示范作用来影响改变周围的环境，形成良好的风气，具有很强的感召力、吸引力，深受下属的拥戴。而一个领导如果是品格上有问题，就很难得到下属的敬仰和发自内心的支持。

某经理在会上激情洋溢地鼓励员工加班加点完成本月的工作目标，自己却提前下班，甚至在私下抱怨部门任务繁重。那么，他的威望就会大打折扣，就会产生“形象危机”。下属对这样的上司往往没有心理上的认同感，服从也只是表面的，也自然谈不上产生什么吸引力、感召力，更谈不上什么敬佩感和信赖感，甚至会产生很强的负面效应。所以说，优良品格是构成管理者非权力性影响力的前提因素。

（2）能力因素

任何职位都要求具有与之相应的能力的管理者来担任。这个职位所要求完成的任务、所涉及和要处理的信息、所需要接触和协调的部门等工作都对经理的能力提出了相应的要求。一个才能出众的经理会给团队、组织带来希望和前景，也会让下属很自然地对他产生敬佩感和依赖感，从而接受他的影响，这就是常说的“能力与职位相匹配”，也只有这样才会建立起和谐有效的团队或组织。

同样的，一个没有真才实学或是达不到职位要求的经理，工作本身对他就是一件很苦恼的事，他也无法显示出自己的才华，最终失去人们的信任。

能力是一种实践性因素，能力强的管理者往往使员工产生敬佩感。管理者的能力包括以下方面：

第一，创新能力。它是指一个人具有能创造出具有一定社会价值的新理论、新事物、新东西的能力。它是一种独立地发现新问题，提出新见解，解决新问题的能力。它是总经理能力素质的核心，也是总经理所有能力的集中表现，是企业总经理非权力影响力来源的重要因素。

第二，组织管理才能。它是总经理实施领导的最根本素质。在全球化态势下领导所具有的管理才能包括：计划能力、决策能力、组织能力、预见能力、处理人际关系能力和创新能力等。总经理除了有渊博的学识外，还要具备较强的管理能力。

第三，决策能力。管理者要学会并提高善于在大量的对内外部状况信息资料的基础上进行分析预测的能力，以及多种可行性方案进行科学评价、分析比较和选择决断的能力，从而减少工作上的失误。

第四，提高审时度势的能力。提高审时度势的能力，管理者必须善于从全局上观察和处理问题，未雨绸缪，防患于未然。

（3）知识因素

能力往往与知识相联系，特别现在是知识爆炸的时代，不少管理者都有知识缺乏的危机感，这种感觉往往表现在工作上或自我发展过程中遇到了一个瓶颈，这个瓶颈最终得以突破无一例外的都是知识得到更新的结果，并且突破瓶颈后的人会强烈地感到自己拥有了更强的力量，这是因为知识本身就是一种力量。

作为管理者如果拥有某种知识专长，他会产生比别人更大的影响力，这就是“专长权力”。管理者应该时刻注意提高自己的专业知识，这样才能更好地处理各种事情，才能更令下属钦佩，具有更大的影响力。这种影响力是职权之外的，拥有这种影响力的经理，也会有更好的工作效果。

（4）情感因素

情感因素是指管理者能体贴关心下属、平易近人、和蔼可亲，能与下属相处融洽。一个成功的管理者，不仅要立之以德、展之以才，还要动之以情、以情感人。情感是顺利开展工作的润滑剂，它是形成管理者非权力性影响力的重要因素。在领导活动中，一个管理者，如果有优良的品格、较强的能力，并且有一定的情感表现力，就会产生一种超越权利的诚服和忠诚。

如果管理者平时谦和待人，尊重下属的人格，主动为下属排忧解难，让下属感受到大家庭的温暖，那么下属就会对你产生信赖感、归属感、顺从感，形成强大的吸引力和影响力。即使工作中出现了失误或遇到了困难，下属也会真诚体谅，并热心帮助，选择与管理者同舟共济、共渡难关。相反，如果管理者待下属冷漠、傲慢、不可一世，那么只能人为地拉开与下属的心理距离，而这种心理距离一旦超过一定限度，慢慢地就会产生负面影响力，甚至是排斥力、对抗力，这些都会影响工作目标的顺利实现。

作为一个管理者必须注意同下属建立融洽的关系，克服高高在上的心态，主动与员工沟通，并倾听来自他们的呼声，真心实意为他们服务。这样员工才会真心实意地拥护与支持你，才能顺利地实现工作目标。所以说，情感因素是形成管理者非权力性影响力的重要因素。

总之，非权力性影响力能使被管理者产生发自内心的尊敬、信赖与敬佩，并主动地跟随管理者去实现目标。只有当管理者有受人敬佩的品格、令人佩服的知识才能和良好的情感因素时，才能给人以感染力、影响力，才能使上下一心朝着共同的目标奋进。也就是说，管理者只有在正确运用权力影响力的同时，进一步重视增强和发挥非权力性影响力的作用，才能实现有效的领导。

2. 提高非权力性影响力的途径

管理者的品德、能力、知识、感情等要素，能使人产生敬佩、信赖和亲切感，从而增加人们对管理者的信任程度，进而增强管理者的非权力影响力。那么，管理者应该如何提高自己的非权力影响力呢？

（1）管理者要增强非权力性影响力，要不断加强自身的道德修养

管理者要提高自身的道德修养。首先，要增强自律意识。古人说："上有所好，下必甚焉"，管理者的一言一行都会在群众中产生正面或负面的影响。因此，管理者务必保持头脑清醒，做到"有所为、有所不为"。其次，要加强职业道德建设，主要是做到勤奋、公道、守信。最后，管理者要时刻反省自己，对于以前处理过的事件进行总结，得出经验教训，以便以后遇到此类事情时处理起来更加正确、娴熟。

（2）管理者要增强非权力性影响力，要不断提高自己的能力

解决问题的能力卓越的管理者会使人们产生敬佩感，从而增加管理者的影响力。提升领导能力必须做好以下几方面：一是知人善任的用人能力。因为企业的发展靠的主要是人才，所以作为管理者这方面的能力非常重要。二是科学正确的决策能力。管理者要提升科学决策能力，不仅需要掌握科学决策的原则，了解科学化的决策程序，更重要的是培养远见卓识的本领，对事物的发展有预见性，提升科学预测能力。三是恰当得体的表达能力。言谈要深入浅出，注意语言的通俗性，使大家听得懂，易为人接受。四是勇于开拓的创新能力。管理者不仅自己要有开阔的眼界、创新的思维，更要善于创造每一个组织成员发挥个人才能的机会，激励组织成员积极进取、勇于开拓。

(3) 管理者要增强非权力性影响力，要不断丰富自己的知识

这就要求管理者不断充实自己的知识、不断学习，使自己的知识随组织环境的变化不断更新，而且要带动员工进行学习，创造出一个学习型的组织环境。

(4) 管理者要增强非权力性影响力，要善于使用感情因素

感情是人们对客观事物（包括人）好恶倾向的内在反映。积极健康的感情可以提高人的活动能力，消极的感情则削弱人的活动能力。人与人之间建立了良好的感情关系，便能产生亲切感。在有了亲切感的人之间，相互的吸引力、倾向力就大，彼此的影响力就深。管理者平时待人和蔼可亲，时时诚心体贴下属，与群众的关系十分融洽，他的影响力往往较大；如果管理者与下属关系比较紧张，那么就会造成双方的心理距离。我们在工作中常碰到这样的情况，一个平时与领导经常有交流的人，当他犯了过失受到批评时，他容易接受，没有抵触情绪、逆反心理；如果平时与领导沟通较少，当他受到管理者批评时，不一定能听得进去，甚至产生对抗，这是因为双方有心理距离。

心理学家提倡：管理者要主动与下属聊天。内容可以是家庭、生活、娱乐、工作等。双方见面，管理者要主动向下属打招呼，使人感到你平易近人，以诚相待，双方在感情上的相互感应能融洽上下级之间的关系。管理者的关怀，双方的感情交融，必然会产生极大的能量，促使员工加倍努力工作，使管理者做出的决策、制订的计划、采取的措施，迅速变成群众的实际行动。这就是情感投资所产生的效应，它具有无言的感召力和影响力。反之，如果管理者冷若冰霜，对工作麻木不仁，对同志漠不关心，这样的管理者在人们心目中是没有地位的，这样的领导也就不可能具有影响力。

一个好的管理者要想把事业办得有声有色，仅靠权力性的影响力是远远不够的，而是要以自身优秀的品质、才能、知识、真情通过潜移默化的作用，渗透于工作之中，其工作就会得心应手、游刃有余了。

第四节　创造榜样的力量

身先士卒、以身作则，是一种巨大影响力。俗话说："喊破嗓子，不如做出样子"，中层领导通过身教言传，使广大员工自觉地产生敬佩与信赖，从而产生强大的向心力和感召力，进而形成巨大的执行力。

1. 成功的企业都离不开榜样的力量

韩国大宇集团总裁金宇中每天都会工作到凌晨才休息，紧接着凌晨5点钟起床，继续工作十几个小时。这一习惯他保持了20多年，并且经常对员工说："为了明天的繁荣，我们必须牺牲今天的享乐，因为我们还是发展中企业。"金宇中的行动感化了整个大宇集团的所有管理者，并且传递到每位基层员工的心里，使得大家都会自觉为了集体利益努力工作。

一个优秀的企业，会有一大批全身心奉献企业的管理者，继而会带出一大批以加班为乐的基层员工。万科就是这样一家企业，一家提倡领导干部带头加班的企业。老总王石曾是万科最大的工作狂，在写字楼里埋头苦干无数个不眠之夜，才创造出了万科今天的辉煌。如今，换成一批王石感召下的管理者及基层员工带头加班。

一个企业处于困境的时候，老板和中层领导要先挺住，员工才能跟着挺住。也只有这样，公司才能迅速走出困境。越是面对困难，中层领导越是要冲锋陷阵、做好榜样，带给员工自信与保障。如果中层领导自己先乱了阵脚，手足无措，员工能不打退堂鼓吗?

正是因为有了这些身先士卒的领导，才会有全体员工奋力拼搏的成绩。榜样的力量是无穷的，当这力量来自于中层领导的时候，就更加无法估量。这种执行力，是金钱、威慑换不回来的，也是其他任何管理手段无法实现的。

2. 管理者要懂得榜样激励

榜样激励就是管理者通过树立鲜明、生动、具体、形象的学习榜样，激发员工的上进心和荣誉感，以最具煽情的方式带动员工共同奋斗。榜样的力量是无穷的，一个企业如果能树立榜样，就会在潜移默化之中使人们受到教育，从而激励斗志，奋发有为。

S公司的财务总监小刘是一位中专毕业的年轻人，他在该公司从事财务工作多年，并通过刻苦自学考了注册会计师。老板看到小刘工作认真又这么上进，就把他提拔为公司的财务总监，把他树立为大家学习的榜样。所有的员工都常有感触：一个中专生就能取得这么大的成就，为何我们不能呢？由此对所有的员工起了很大的激励作用。树立了小刘这个榜样后，其他的员工都积极地学习和工作，从而推动了企业学习型组织的建设。

榜样具有很强的感染、激励、号召、启迪、警醒等功能，是管理者手中一件极具说服力的激励利器。与空洞的说教不同，榜样的力量在于行动，行动比语言更能说服人，给员工的激励是一种潜移默化的影响。一个榜样就是一面旗帜。用榜样带动员工，形成向心力、凝聚力，是促进企业发展的很好选择。

3. 榜样激励的注意事项

但在这里，我们需要强调的是，那种仅凭管理者的好恶，人为硬性拼凑、拔高的榜样，不仅起不到激励作用，反而会引起员工的反感，挫伤他们的积极性。

因此，我们在实施榜样激励时，一是实事求是地宣传榜样的先进事迹，激发员工学赶榜样的动机；二是要引导员工一分为二地看待榜样，防止机械地、形式主义地模仿；三是要分析榜样形成的条件和成长过程，为员工指明赶超榜样的途径；四是要关心榜样的成长，使之不断进步；五是要保护榜样，对那些中伤、打击榜样的错误言行要进行批评教育，防止狭隘和嫉妒心理的产生。

第五节　在管理中营造你的气场

刘邦先于项羽攻占了咸阳城，项羽十分生气，屯兵城下，并在新丰鸿门设宴准备杀死刘邦。敌我力量悬殊，刘邦不得不答应项羽的要求，带了100多名随从前去赴约。随从之中，有一位勇士叫樊哙。

酒过三巡，按照项羽干爹范增的安排，项庄舞剑助兴，以便寻找机会杀死刘邦。刘邦身处险境却无可奈何，樊哙得知消息后，手持宝剑和盾牌径直闯入帐中，守门的卫士都被撞翻在地。樊哙站在刘邦的身后，瞪大眼睛怒视项羽，头发都竖起来了。

号称天下英雄的项羽难免吃了一惊，警惕地握住宝剑坐直身子，得知来人姓名，赶紧赐予一杯酒和一条猪腿。只见樊哙接过酒杯一饮而尽，用剑切肉大快朵颐。项羽暗暗称奇，问他还能喝酒吗，樊哙大声说道，我死都不怕，还怕喝酒吗？我家主子率先攻占咸阳，屯兵霸上，一心等待大王您的到来。您却听信小人谗言，与我家主子发生矛盾……

趁项羽沉默不语时，樊哙护送刘邦偷偷地溜走了。这就是流传千古的鸿门宴的故事，樊哙一介武夫，凭什么喝退项羽，并唬住埋伏在帐外的如狼似虎的刀斧手，成功营救刘邦呢？气场，是樊哙身上散发出来的气场。

这里所说的气场，是指一个人的性格、言行举止而形成的个人魅力。比如单刀赴会的关云长，在长坂坡喝退曹军的张飞，都具有常人没有的气场。一个管理者如果拥有强大的气场，可以让你的职场更加顺利。那么，如何赢得气场呢？

1. 气场是气质和个性的外化

每个人都有气场，但不一定有强大的气场。气场与外貌关系不大，比如身高不足一米六的拿破仑，却拥有睥睨天下的气场。气场源于内在的气质和个性，具有独占性和一定的规定性，比如性格柔弱的人难以拥有霸气的气场。

因此，要修炼自己的气场，需要从修炼气质、矫正个性入手。

如果你是一个内向、怯懦的人，可以尝试走出自卑的阴影，选择陌生的场合锻炼自己，克服性格的弱点，获得刚强的气场；如果你脾气暴躁、性格刚烈，不妨提高自身修养，开阔胸襟，争取柔顺的气场。自古就有文人雅士，为了强身健体，弥补性格的柔弱之处，便尝试舞剑习武，以获得更加完美的气场。

2. 让自己表现得更有控制力

如果你想让自己表现得更加自信，就要让自己表现得更有控制力。因此，你需要对各种不同的站姿会带来什么样的气场有所了解。

下面这七种姿势几乎囊括了全世界60多亿人能够想到的所有站姿的集合。不管面对什么人，在什么场合，我们的站姿基本上都是在这里面挑选一种。让我们看一下这七种不同的姿势各代表着什么样的气场和效果。

第一，脊背挺直、胸部挺起、双目平视。如果不是刻意的伪装，这个姿势表明一个人具有超强的自信，给人以“气宇轩昂”“心情乐观愉快”的印象，愿意与人交流任何问题。

第二，弯腰曲背、略显佝偻状。许多人都习惯这种姿势。实际上，这种姿势会让你表现出过强的自我防卫意识以及意志消沉的迹象。同时，它也表明你在精神上处于劣势，有惶惑不安或自我抑制的心情。当你常以这种姿势面对同事、上司、客户或家人时，你绝难找到主角的感觉，更多会是仆从者的角色。

第三，两手叉腰而立。这个姿势表示一个人具有自信心和精神上的极大优势，显示他在任何领域都居于“一号位置”。如果一个人对面临的事物没有充分的准备，他是绝不会采用这个动作的。当然，这种姿势并不适合出现在严肃的场合，比如商务谈判现场，因为它的攻击性太强。

第四，双腿交叉而立。人们在采取这种姿势时，多是靠在墙壁或倚在桌子上。这是一种表示持有保留态度或轻微拒绝的意思，但也是感到拘束和缺乏自信心的表示，会让人在与你交际时感到微微不适或淡淡的冷意。

第五，将双手插入口袋而立。这个姿势会给人不袒露心思、暗中策划和盘算的心理印象，是成熟的姿势。当然，如果同时配有弯腰曲背的姿势，那么则是心情沮丧或苦恼的反映。

第六，靠墙壁站立。有这种习惯的人多是失意者，他们通常比较坦白，容易接纳别人。但是我们要尽量避免在交际场合采取这种姿势，因为它会让人觉得你没有实力，从而减弱对你的认可。

第七，背手而立。这个姿势通常会让人认为你是自信力很强的人，喜欢把握局势。但是需要区别的是，如果你面对的不是自己的下属，请不要把它带入交际场合。因为在某种意义上，这个姿势也会给人官僚化的感觉。

3. 气场需要精神的支撑

俗话说，人活一口气。这个气就是精气神。在工作中，如果你动辄怨天尤人，唉声叹气，很难有多么强的气场。精气神表现在一个人的举手投足之间，古人所谓：站如松、坐如钟、行如风，既是对习武之人的要求，也是精气神的外在体现。

因此，在管理中，你尽可能地微笑，别整天愁眉苦脸；要善于运用你的眼神，使之能迅速抓住对方的内心；语言表达有条不紊，并闪烁智慧的光芒；要保持端庄的站姿和坐姿，让对方有肃然起敬之感。如此一来，你会青春焕发、阳光灿烂，拥有强大的气场，成为焦点。

4. 气场需要不断地修炼

气场来自于内在，举手投足和穿着打扮只能起到辅助作用，因此要获得强大的气场并不断维持，需要后天不断修炼。

博览群书，可以获得大量的知识，拥有睿智的头脑和敏捷的思维，它们是气场取之不尽的能源。

至少喜好一门艺术，音乐、舞蹈、美术等艺术可以陶冶情操、提升品位，让你的气场更加强大。一个坚忍不拔的人具有强大的气场，相反一个脆弱的人难以拥有气场，你必须在实践中提高毅力，磨炼意志。

尽量与不同的人交往，从他们身上吸收气场。这些话听来似乎与气场不沾边，但你必须明白，一位阅人无数、饱经沧桑的人，绝对比初出茅庐的大学生气场要强。

第八章

中坚掌控力——掌控于全局，决策于万里

掌控力就是领导、管理者为了保证组织目标的实现，对于下属的实际工作进行衡量和评价，并采取相应措施以纠正各种偏差的一种能力。它包括对资金、市场、消费者的掌控，对事业格局的规划，对权力的运用。找准团队核心的竞争力，说到底，就是对全局的把握，使其时刻处于自己的控制之中。

第一节　要管理就得掌控全局

在培训课堂上，当我问到如何掌控全局时，大多数管理者想到的就是掌控业务，而且各有各的手段、方法，效果也各自不同。

那么，作为管理者除了掌控业务以外，还需要掌控什么吗？

当我提出这个问题的时候，就有管理者回答，除了掌控业务以外，还需要掌控员工的心理，但说实话，要掌控员工的心谈何容易！就算你对个别员工的心理能有一定的把握，但也不敢说是“掌控”了，更不要说“全局掌控”了。中国人谁都不会跟你讲掏心窝子的话，更何况是给去替你做事的下属。

对于掌控业务，每个管理者都有自己的方法和手段，都能在一定程度上做到“全局掌控”，但掌控员工的心理，也就是管理思想要“落地”，最核心的就是对员工心理的把握，要全面细致地理顺员工的心理。所以，无论如何，全局掌控的内容包括业务和心理，说白了，也就是对人的掌控。

我有一个企业朋友，他的公司规模不大，员工有50多人。公司业务主要是做电信的项目，做售后服务业务。因为，老板在电信行业有不错有人脉关系，因此每年他能弄到1～2个子项目。他的公司大多是技术人员，分散到全国各地做项目。

让老板头疼的是，每当电信有项目的时候，他都很为难，想接，都又不知道目前其他项目做得怎么样了，到时候有没有人手。要是接了，到时候做不好，损失的就不只是钱，很可能将来的路都断了；不接吧，又不甘心。

为了能够全面、及时地掌握到每个项目的进展情况，他把电话、传真、E-mail等都用上了，每天别的事情几乎都没法干了，电话打个不停，桌面上一堆堆的传真，邮箱很快也爆了，可还是觉得很累。

没办法，遇到项目，要做决策时，还是得靠悟，靠预估。目前，很多企业管理者基本上都和这位朋友一样，采用的是“悟”和“预估”。

但是，仅仅用“预估”来进行决策，风险很大。这样一来，你不光会感到累，而且还不敢冒进，总会觉得束手束脚，企业很难顺利发展，也很难长久生存。

那么，管理者如何做到掌控全局呢？

1. 经营业务的掌控

对于业务的掌控，要先抓重点，再看全局，最后盯住细节。那么，我们的全局掌控也按照这个顺序，分为三个层次：重点、全面、细致。

第一，要掌握和了解重点业务的进展情况，公司目前重要的业务有哪些，正在进行的业务有哪些，什么时候开始的，预计什么时候结束，进展情况如何，负责人是谁，都要很清楚。这样，我们就能很轻松、及时掌控到整个企业目前重要的业务进展情况。

第二，全面项目的负责人，光掌控了“重点”还是不够的，要对整个项目运营全局有所了解，就是要做到掌控全局。要做到全面地了解和掌控所有人的业务情况，可以通过两个方面来实现。一方面通过查看所有员工的周期性工作报告和安排计划。从整体上对业务现状有所掌握；另一方面，可以通过查看所有员工的工作日程安排。

第三，光掌控重点和全面还是不够的，我们还需要对某些员工的工作进行细致的了解和把握。这样就能真实、及时、细致地掌控到相关员工的工作过程和状态。

对于管理者来说，不管什么时候、什么地方、找什么人、做什么事情，你都要及时、准确、全面、细致地掌控得当。这样，我们的决策就不会再凭“悟”、靠“估”了。

2. 对员工心理的掌控

管理思想很难“落地”的原因，其核心就是对“心”的掌控很难。严格地讲，这里我不大愿意用“掌控”这个词，因为“心”本身是不能掌控的。更合适的词可能应该是“了解”“引导”“梳理”等。

作为管理者，对员工心理“掌控”的困难在于员工不可能把自己心里的话轻易说出来。但是，有两点很容易理解。

第一，中国人很善于透过表面了解内心。通过对语言、文字分析和感悟，了解到背后的内容，通过对方说话的语气、语调判断对方的心理状态，是高兴、愉悦还是困惑、郁闷，是喜欢还是厌恶，是投入还是敷衍等。

第二，中国人愿为知己者透露心扉。中国人并不是不愿意透露自己内心真实的东西，而是有选择地透露。我不喜欢用“掌控”也正是为此。如果我们要说“掌控”，那么我们一定要以“引导”“梳理”的方式去掌控。只有这样，管理者和员工之间才能建立起“知己”的环境，才有可能真正做到“掌控”。

第二节　管理者的决策重在拍板

美国管理学家赫伯特·西蒙说：“管理就是决策。”决策是管理者的重要职能，不体现在“谋”上，而集中体现在“断”上。

谁都明白，任何一个决策失误都可能会给企业的发展带来重大影响，甚至是生死攸关的影响。

多年前，我给一家生产西服的工厂培训，那时该工厂在服装行业颇具有影响力，后来在成功的欢呼声中，厂长头脑开始发热了。在没有充分调查研究和论证的情况下，工厂盲目决定每年生产6万套西服，而且没过几年就增加到20万套，为此投资60万美元。结果西服大量积压，资金无法周转，以致工厂破产。一个轻率盲目的决策，造成了灾难性的后果。

轻率盲目是决策者的大敌。一个组织就像在大海中航行的船，船长的指挥关系全船的命运，来不得半点马虎。任何一个盲目轻率的指令，都可能给航船带来灭顶之灾。

由此可见，一个企业的成败在于领导决策的正确与否。但是任何一个企业若想谋求持续稳定的发展，也就必须放弃拍脑袋的直觉灵感决策，而代之以建立在一定科学分析方法基础上的决策。

1. 深入调查，科学论证

上述案例中，厂长之所以会盲目轻率地决策，就是因为没有深入调查市场，进行科学论证，结果由于个人素质和掌握情况等方面的局限，主观愿望严重脱离客观实际，造成决策失误。

要避免轻率盲目决策，管理者一是要在决策前深入调查研究，这是科学决策的基础。正确的决策都是来源于对实际情况心中有数，来源于准确地分析判断和认真地比较选择。二是要尊重知识、尊重人才，这是科学决策的保证。决策前必须咨询专家意见。管理者要借助他人的知识和智慧，集思广益，进一步完善决策方案，对多种决策方案进行反复比较，作出正确选择。三是要善于决断，敢于负责，这是管理者必须具备的决策素质。尤基是在突发事件或出现危机之时，往往更需要管理者具备高度的责任心，敢于承担风险，果断决策，才能不贻误时机，避免或减少损失。

2. 充分发扬民主，用集体的智慧进行正确决策

有人认为，决策就是管理者个人“拍板定案”。的确，管理者的决策重在拍板，但不代表那是他个人的事。

“正确的决策来自众人的智慧”。无论什么决策方案，在酝酿过程中，都应充分发扬民主，善于听取各方面的意见，特别是一些不同意见。集思广益，把公司全体员工智慧和正确意见集中起来作出决策。这样不仅能够有效地避免和减少决策失误，而且有利于将正确决策变为全体员工的统一意志。

3. 把问题议深、议透，把好决策“议论关”

决策靠的是集体智慧，所以信息很重要，对信息进行分析更为重要。利用信息，人们可以提高预测、决策的准确程度和管理水平，从而避免预测、决策和管理的失误，最终达到减少损失，或增加财富的目的。管理者要主动到基层一线掌握决策落实情况，提高信息的准确度；信息工作初步做到了思路能超前、决策会追踪、问题会分析。通过信息化建设，提高决策的准确度。

哪里有领导工作，哪里就有决策，提高决策的准确度至关重要。领导

者进行决策时应把握好两个关口，以提高决策的准确度：

第一，总览全局，把好决策的“方向关”。决策并不能仅凭领导者的一番想象，要提高决策的准确度，就必须科学规划发展，科学决策工作，使有限的资源得到最大的利用，并取得最好的效果。

第二，严格按制度办事，把好决策“程序关”。

要重视民主决策凝聚力，切实把握好民主与集中的度，既要走程序，也要善决断。既要论证可行性，也要考虑不可行性。做到仓促开会，临时动议——不决策；选择单一，没有预案——不决策；酝酿不充分，思想不统一——不决策。

4. 对突发性问题要果断决策

对时效性比较强的突发性问题，要审时度势、当机立断。“当断不断，必受其乱”。如果在关键时刻优柔寡断，就可能贻误时机，造成被动。果断，不是武断，而是在掌握方向、明确目标的情况下，抓住火候、不失时机地作出正确决策。这就要求管理者应当具有敏锐的洞察力、准确的判断力、灵活的应变力和果敢的决断力。

5. 注意跟踪决策

一个决策往往是根据当时情况做出的，不可能一成不变，特别是在问题复杂、多变的情况下，也不可能以不变应万变。这就需要管理者对决策实施情况进行跟踪观察，可采取收集反馈信息、派人专题了解、召开碰头会等多种方式，看决策是否正常执行，有何问题和偏差，应采取哪些弥补措施。一旦发现问题或偏差，应适时进行修正和调整，使其不断完善，确保决策的正确性和有效性，从而把决策推向更高层次。

第三节　管理者要敢放权，会监督

企业里，管理者的健康成长，都离不开有效的监督。“金无足赤，人无完人”，人自身的缺点错误犹如脊背上的灰尘，自己不容易看见，只有通过监督这面“镜子”，才能够及时克服缺点，改正错误。

1. 既要放权，更要监督

《韩非子》里有这样一则故事：鲁国有个叫阳虎的人，他很有才华但同时又很自私。他去游说鲁王、齐王，但都被驱逐出境，于是他又来到了赵国。赵王十分赏识他的才能，拜他为相。有人向赵王进谏说：“大王怎能用这种人管理朝政呢？”

赵王回答道：“阳虎或许会寻机谋私，但我一定会小心监视，防止他这样做。只要我拥有不被臣子篡权的力量，他阳虎又岂能如愿以偿呢？”赵王一直对阳虎实施监督与控制，使得阳虎没有机会以权谋私，而且能够尽职尽责地在相位上施展自己的抱负和才能，终使赵国威震四方，称霸于诸侯。

企业对管理者授权的同时，一定要有监督。如果没有监督，就不知道干部在干什么，就控制不了整个局面。监督是一种重要的管理手段，能够保证权力不被滥用和失控，能够及时地发现工作中所出现的各种问题，便于采取适当的措施予以纠正和解决，从而保证顺利实现计划和达到目标。

企业管理学中流行一个新观点“用人也要疑”，这与前面所说的“用人不疑”不是互相排斥，而是相辅相成，是企业管理不可或缺的“两个轮子”，体现着企业的运行监管机制。企业在使用管理者的时候，要同时做到“用人不疑”与“用人以疑”。

“用人以疑”不是两面三刀，更不是耍阴谋诡计，而是针对各部门、各工种的不同，估计会出现什么问题，据此制定一系列的监督检查的规章制度，是一个企业稳定大局、防微杜渐之举。

对拥有权力的管理者进行监督是必要的，这是授权后不可缺少的后续措施。肯德基公司的店长们有相当大的自主权，但世界各地的上万家店却被美国的肯德基总部管理得井井有条，这离不开有效监督的功劳。

美国肯德基国际公司的9900多个子公司遍布全球60多个国家。一次，上海肯德基有限公司收到3份总公司寄来的鉴定书，对设在上海外滩的快餐厅的工作质量以及店长分3次鉴定评分，分别为83分、85分和88分。

这三个分数是怎么评定的？原来，肯德基国际公司雇佣、培训一批人，让他们佯装顾客潜入店内进行检查评分。这些“特殊顾客”来无影，去无踪，这就使得快餐厅经理、雇员时时感到某种压力，丝毫不敢疏忽，使得各级肯德基公司能够在全球保持一致的服务标准。

2. 没有监督的授权是不负责的管理行为

企业如果相信每个管理者都是好人，盲目、无限制地信任他们，就很有可能将整个企业给毁了。当初，巴林银行就是因为对驻新加坡的里森“用人不疑”，结果三年来他一直做假账隐瞒亏损，最后造成8亿英镑的损失，迫使有200年历史的老牌巴林银行破产倒闭。

授权与监督是企业管理不可或缺的“两个轮子”，监督是与授权相配套的一种管理行为。监督中层，就是在确立了目标，并授权给干部后，注意关注其职责的履行状况，并及时发现偏离目标或要求的具体问题，采取消除偏差、纠正错误的措施，以确保管理者尽职尽责地带领团队完成整体目标和任务。

海尔集团的三条人事管理规定就是：在位要受控，升迁靠竞争，届满要轮岗。“在位要受控”就是集团要建立控制体系，控制财务、控制工作目标，避免违法违纪、避免犯方向性错误。海尔集团建立了较为严格的监督控制机制，任何在职人员都接受三种监督，即自检（自我约束和监督）、互检（所在团队或班组内互相约束和监督）、专检（业绩考核部门的监督）。

贵州海尔总经理刘向阳被海尔认为是“海尔时代的楷模”，即使类似他这样的“封疆大吏”，每天也必须向远在青岛的海尔总裁汇报工作，然后才能下班吃饭。严格的要求使得管理者随时都有危机、有压力，使得工作有动力。

3. 有效的监督，让一切事务尽在掌握中

18 世纪末期，英国政府决定把犯了罪的英国人统统发配到澳洲去。一些私人船主承包从英国往澳洲大规模地运送犯人的工作。最初，英国政府实行的办法是以上船的犯人数支付船主费用。当时那些运送犯人的船只大多是由一些很破旧的货船改装的，船上设备简陋，没有什么医疗药品，更没有医生，船主为了牟取暴利，尽可能地多装人，导致船上条件十分恶劣。一旦船只离开了岸，船主按人数拿到了政府的钱，对于这些人能否远涉重洋活着到达澳洲就不管不问了。有些船主为了降低费用，甚至故意断水断食。3 年以后，英国政府发现：运往澳洲的犯人在船上的死亡率达 12%，其中最严重的一艘船上的 424 个犯人死了 158 个，死亡率高达 37%。

对此，英国政府采取每一艘船上都派一名政府官员监督，再派一名医生负责犯人的医疗卫生，同时对犯人在船上的生活标准做了硬性的规定。但是，死亡率不仅没有降下来，有的船上的监督官员和医生竟然也不明不白地死了。原来一些船主为了贪图暴利而贿赂官员，官员不肯就范即被扔到大海里喂鱼了。政府支出了监督费用，却照常死人。

政府又采取新办法，把船主都召集起来进行教育培训，教育他们要珍惜生命，要理解到澳洲去开发是为了英国的长远大计，不要把金钱看得比生命还重要。但是，情况依然没有好转，犯人死亡率仍然居高不下。

一位英国议员认为，那些私人船主钻了制度的空子，而制度的缺陷在于政府给予船主报酬是以上船人数来计算的。他提出从改变制度开始：政府以到澳洲上岸的人数为准计算报酬，不管在英国上船多少人，到了澳洲上岸的时候再清点人数支付报酬。问题就此迎刃而解。船主主动请医生跟船，在船上准备药品，改善生活，尽可能地让每一个上船的人都健康地抵达澳洲。一个人员就意味着一份收入。自从实行上岸计数的办法以后，犯人的死亡率降至1%以下。有些运载几百人的船只经过几个月的航行竟然没有一个人员死亡。

可见，如果能够有效地监督干部，就可以及时全面地了解他们履行职责的具体情况，准确分析其犯错误的原因，就能够研究出完善的补救措施与管理手段，做到“亡羊补牢，犹未迟矣”，使得一切事务都处于自己控制中。

第四节　管理者冒险要掌握一个“度”

商场如战场，市场变化风云莫测的特征，决定了管理者要具备一定的冒险精神。作为企业的中层管理者，面对稍纵即逝的机会，职业经理人要有超人的胆识，敏锐的眼光。既敢于放手一搏，又重视决策程序，并能果断采取行动，才能在市场上占据一席之地。

诸葛亮料事如神，但因为性格上的过于谨慎，使他六出祁山而无大的建树。

在他第一次进兵中原时，魏延曾经献策，愿领精兵五千，分道由子午谷进兵。这是一条捷径。如能得手，“不过十日，可到长安”。但诸葛亮认为，这一方案风险很大，不是“万全之计”，是过低估计了对手，“欺中原无好人物”。于是谨慎行事，依法进兵，从陇右平坦大路逐步推进。不久，司马懿复出，街亭失守，败局已定，只得退兵。这次兴师，虽然擒了夏侯楙，败了曹真，但对魏国并无多大挫损。

根据某些军事家分析，从当时敌情、地形、路线等情况来看，魏延的建议颇有见地。如果诸葛亮采纳这条建议，很可能一举夺下长安，收复三秦。司马懿后来有段话对此作了证明。他说：“诸葛亮平生谨慎，未敢造次行事；若是吾用兵，先从子午谷径取长安，早得多时矣。他非无谋，但怕有失，不肯弄险。”（第 95 回）诸葛亮弃捷径而兜大圈子，延缓了进攻时间，难以出敌不意，而且导致疲众劳师，结果等来了劲敌司马懿，苦心准备多年的进攻告吹于一旦。

经理人没有冒险精神，永远无法取得任何重大的辉煌。但冒险精神不是鲁莽做事的代名词，并不等于没有底线的赌博。冒险精神要求经理人时时刻刻拥有敏锐的眼光，能洞察常人所不能分辨的危机。对企业而言，风险应当控制在可以承受的范围内，而又具有一定的不可控性，这才可以叫做冒险。

诸葛亮的失当告诫了现代的决策者，必须正确处理以下几个关系。

1. 冒险和谨慎

在很多人看来冒险和谨慎似乎对立。其实，作为成功的因素，它们又是统一的。成功需要谨慎，但也需要冒险。在行动准备阶段，比如调查研究情况，制定初步方案，对比优选方案，要力求谨慎。但最后的决断和执行又要敢于冒险。因为管理者所面对的很多变化着的未知因素，同时主客观条件也只能是相对成熟而已。管理者不能无限期地等待，这样只会错失良机。谨慎不等于万无一失，不等于因常袭故，不等于保守等待。

官渡之战前夜，形势对曹操十分不利。袁绍消灭了困守在易京的公孙瓒，占有幽、冀、青、并四个州的广大地盘，军队达到几十万，成了北方势力最大的割据集团。正如《后汉书·袁绍传》记载："合州之地，收英雄之士，拥百万之众"，被称为"一时之杰"。处于明显劣势的曹操，心有犹豫，难以决策，完全合情合理。听了郭嘉分析后，曹操下定决心，在袁绍十倍于己的兵力面前，毅然应战，终获胜利。这说明曹操善于处理谨慎和冒险的关系。

管理中的决策与此一脉相通。一旦看准，就大胆行动，是许多成功管理者的经验之谈。

2. 冒险和勇气

从某种意义来讲，冒险就是勇于探索，勇于实践；从决策定计上看，冒险则是一种勇气、魄力。诸葛亮性格上的过于谨小慎微，源于思想上的压力。他蒙受刘备知遇和托孤之恩，执掌蜀国军政大权，年复一年惨淡经营，以冀完成统一大业。而对手又是强大的魏国。

大概就是这种在严峻形势下的超常报效心和责任心，使得他在自己的事业面前，战战兢兢，生怕有失，过于小心谨慎，他的事必躬亲与此也有关系。他的过于小心，从时间上来看是在刘备死后，从事业上说，表现在历次北伐之上。尽管此时，他也还是有隙必乘，有利必取，进则使敌不敢战，退则使敌不敢追，始终掌握着战场上的主动权。

处于现代管理中的经理人，也常常失落在种种局限之中。面对着风险，并不是所有的人都敢于冲刺，毕竟公司是老板的。不管客观上的原因有多少，思想上的弱点是导致保守经营的根本原因。冒险难免遭受失败，冒险的成功率有多少谁也不能断定，但“你若失掉了勇敢，你就一切都失掉了”。只有执着追求事业而又不过于计较成败得失，才能有敢于冒险的英雄主义精神。

3. 冒险和科学

冒险需要勇气，但仅此还很不够。一个人既要敢于冒险，又要善于冒险更要讲究科学。冒险不等于蛮干，冒险不等于否定科学。只有讲究科学，才可以提高冒险的成功率才可以降低冒险的失败率。魏延对第一次北伐路线的建议，正是建立在对当时各种因素比较切合实际的分析上。邓艾的奇袭，也是抓住了蜀国防守上的漏洞。

冒险并代表就要意气用事。刘备为了报兄弟的私仇，一定要出兵伐吴，进行了战略上的一次大冒险，结果惨败。在这里刘备这次惨败，是感情的潮水摧毁了他理智的思维，是意气用事摧毁了他理智的思维。这故事提醒后人，管理者要首先战胜自己！在重大问题上，绝不能凭自己一时的感情冲动而贸然行动。为了一时之气“拔剑而起”“挺身而斗”，乃匹夫之勇。真正的大英雄，应该是“猝然临之而不惊，无故加之而不怒”。

在市场激烈的竞争中，管理者所管理的公司有时可能落后，有时甚至遭受失败。是为了争面子、赌意气而不顾一切去冒险，还是冷静思考，找出原因，采取措施，超过和战胜对方？明智的管理者，必然选择后者。须记住莎士比亚的一句话：“人的感情和炭相同，烧起来，得想办法叫它冷却。”

第五节　时刻准备，掌控未来

企业发展需要多启用年轻干部，如果不敢重用年轻人担担子，既耽误年轻人的前程，也不利于事业发展。一切成功企业都敢于重用年轻干部。

1. 给年轻的员工机会

为什么要多给年轻人机会？因为年轻人有着健壮的体魄、充沛的精力、发达的智力、丰富的创造力。人的一生中，25～45 岁是创造力最旺盛的黄金时代。因此，一个企业要想发展的好就要敢于启用年轻干部。

从 1990 年起，联想集团就开始大量提拔和使用年轻人，几乎每年都有数十名年轻人受到提拔和重用。联想集团为那些有上进心并努力奋斗的年轻人提供了很多机会。联想电脑公司的总经理杨元庆、联想神州数码公司总经理郭为、联想科技园区的总经理陈国栋……

他们都是在 35 岁之前就被重用，掌握着几个亿，甚至几十亿营业额的决策权。

比尔·盖茨成为世界首富也是得益于重用年轻人。他说："对我来说，大部分快乐一直来自于我能聘请到有才华的人，与之一道工作。我招聘了许多比我年轻许多的雇员，他们个个才智超群、视野宽阔。如果能够利用他们睿智的眼光，同时广纳用户的进言，那么我们就还会继续独领风骚。"

2. 培养当下年轻员工，执掌未来

年轻干部有着非常丰富的想像力，有理想、有激情、有冲劲、有聪明的头脑。企业想要在市场上占据有利地位，想要使企业朝气蓬勃、充满竞争力，就要积极启用年轻人。企业既要敢于大胆启用年轻人，更要善于发掘干部的好苗子。同时让他们在工作中摔打、磨炼，使他们具备相应的管理能力和大局观，使他们早成大器。

"顺驰军团"在全国有员工将近8000人，很多的年轻人得到器重是其他公司的人所无法想象的。比如顺驰天津滨海分公司的副总才22岁，过了试用期就直接坐上了副总的位子。作为在全国拥有800家连锁机构的大型房地产集团高层领导，35岁的丁毅居然认为自己"廉颇老矣"，他说："顺驰是属于年轻人的。公司的高层平均年龄在28岁，刚毕业一两年的总经理更比比皆是。像我这样高龄的，其实该算退休人员。"

3. 让贤年轻的下属，创造辉煌的未来

企业不仅要拥有一大批有真才实学的骨干人才，更要注意人才的培养

与储备，而培养年轻人，要多给年轻人立功的机会。应该说，企业应该无论什么时候都要对年轻人寄予很高的希望，并多给年轻人成长锻炼的机会。

20 世纪 80 年代，长江实业集团得以迅速发展，股价由 1984 年的 6 港元急升至 90 港元，这和李嘉诚善于发掘、大胆提拔年轻人有着很大的关系。

霍建宁 1970 年加入长江实业，出任会计主任，是长江实业管理层后起之秀中的佼佼者。霍建宁有着杰出的金融头脑和非凡的分析本领。虽然他为人处世低调，但被传媒称为“浑身充满赚钱细胞的人”，所以能够参与长江实业的重大投资安排、股票发行、银行贷款和债券兑换等，而且为集团带来可观的效益。

霍建宁的才华备受李嘉诚赏识，1985 年就被委任为长江实业的董事，两年后又提升为董事局副总经理。当年，霍建宁才不过 35 岁。如此年轻就任此要职，在香港商界实为罕见。曾由李嘉诚指定为长江实业专门人才而送往英国攻读法律的周年茂，于 1983 年回港进入长江实业，并于 1985 年提拔为董事副总经理。周年茂是经营房地产的高手，特别擅长大型地产项目的发展，所以被委以重任，成为了长江实业集团房地产发展部的主要负责人。很多大型住宅屋村的规划，都是由他具体策划落实，使得公司获益匪浅。

应该说，正是由于李嘉诚肯提拔而且会提拔年轻人，才给长江实业集团带来了新生力量，使集团能够以超大的步伐发展。

第六节　战略思维决定全局的胜利

一个优秀的企业需要一个优秀的领导，优秀的领导以及管理者需要有大局思维，有了大局观的领导才能更好地制定企业发展战略。作为公司的领导人，如果没有全局的战略思维，很可能将置公司于万劫不复之地。

名震航空界的美国人民捷运航空公司董事长伯尔，在1981年公司创建时，发现一个现象，许多人不坐飞机是机票价格他们承担不起，于是他便简化购票、服务内容，聘用的职工多是兼职，薪水很低，这样一下子把机票价格降了三成。结果客流量猛增，公司规模不断扩大，飞机也由原来的3架增加到60架。在获得巨大收益后，其他的老牌航空公司对捷运航空群起竞争，纷纷采取手段降低票价。董事长伯尔见势不妙，担心自己平民化的飞机不敌这些大亨的豪华座驾，于是投巨资改装飞机、扩建候机厅、采用电脑订票等，结果不到两年就赔了100多亿美元，最后不得不宣布破产。

这是作为领导者的一个失败尝试，结果不仅输掉了竞争力，整个集体都不复存在。这就告诉我们，作为领导者，要学会把握重点、扬长避短，把主要精力投入到关系全局的关键中去，而不是人云亦云、迷失自我。

该案例告诉我们，一个不能很好地掌握全局的领导者，将无法积极有效地贯彻决策，组织内外的各种要素会处在散乱的状态中，从而造成混乱，使得整个组织陷于无政府状态，组织目标的推进和实现也将成为空谈。为此，管理者应该把主要精力放在事关全局的重要问题上。

身为管理者，特别是高层管理者，看问题如果片面、孤立，结果很容易顾此失彼、挂一漏万，甚至从一个极端走向另一个极端，影响其他问题的解决，乃至把整个事业毁于一旦。领导者如无全局观，无论处于有利还是不利情况，都有可能陷于被动，或因一时有利就沾沾自喜、盲目乐观、忘乎所以。

对于企业管理层全局观念有以下建议。

1. 认清局势，把握未来

作为企业的管理者，要深刻理解企业的战略目标，个人与企业、长期利益与短期利益的关系，以及其他各关键因素在实现企业战略中的作用。管理者要站在运筹全局的高度，不断更新知识、开阔视野，从了解全局、顺应全局逐步做到开创新局面，真正做到推动全局工作健康有序发展。

多年前，美的集团曾经有非常好的机会比现在所有的国产手机企业更早进入手机等领域，而且如果当年进入的话，在短期内一定可以大赚一笔。但是，这样的项目被美的集团的当家人何享健给坚决否决了。何享健认为，虽然投资该项目短期内可以赚一笔钱，但从美的集团整体发展的全局角度看，并不符合家电领域的定位，而且手机属于电子领域，技术更新，国内技术与国外相比没有任何优势可言，一旦进入最后只会死得很惨。

多年后，事实已经证明何享健当年的决策是完全正确的，现今国内的进入手机领域的企业包括TCL、夏新等无不因手机业务而背上沉重的包袱。

2. 以整体眼光，培养战略思维

管理者以整体眼光，培养战略思维。领导者应该是战略家。在一定时期内，凡带有考虑顾及所有方面和所有阶段的问题，都是关乎战略的问题。领导者居于全局的统帅地位，因而要求他们具有战略头脑，即具有广阔的视野和统筹全局的能力，善于掌握和驾驭全局的发展规律，能够顾及整体的各个过程。

3. 尊重规则，不因局部利益破规则

有较强的规章、制度意识，尊重公司运作中的各种规则，不会为局部小利而轻易打破规则和已经建立的平衡与秩序。

4. 甘于奉献，为整体战略实现和长远发展的大局让路

明确个人与企业的关系，在决策时能够通盘考虑，以公司发展大局为重。在必要时能够勇于牺牲局部“小我”和暂时利益，为整体战略实现和长远发展的大局让路。

5. 团结协作，统筹兼顾

倡导部门间相互支援、默契配合，共同完成组织战略目标。随着公司

的不断发展，各个部门的联系越来越紧，一个部门一个环节上的失误，也可能影响到公司的全局。因此，针对具体问题，各级管理干部一定要胸怀全局，坚决摒弃本位主义和个人主义的狭隘观念，做到统筹兼顾，协调发展。

6. 四不原则，决胜全局

（1）不推诿

中层管理者首先要注意加强各部门之间的互助合作。如果各部门之间遇到问题相互推诿，互踢“皮球”。这只“皮球”早晚要被踢破，同时，也会造成工作效率低下和资源浪费。

（2）不惧冲突

团队成员之间对某些问题产生了不同的看法，对此不要畏惧，此乃正常现象。只要彼此不是以自我为中心，摒弃自私、自大的错误思想，以团队利益为重，用大公无私的心态去看问题，万事皆可沟通也。排除利己思想就是要求每位员工都要把自己当作团队的一块砖，搞清楚公司整体利益与个人利益的关系，要谦虚、团结、有远见、顾全大局。

（3）不自大

如果中层管理者高高在上、脱离员工，把员工视为执行命令的侍从，那么这就只是一个“监督型”的群体，称不上团队。而如果员工乐意以管理者为核心，凡事有目的地请教，这才会形成团队。当中层管理者的工作是训练和引导员工去积极主动做事时，便达到了团队的最高境界。

（4）不搞特殊化

中层管理者要身先士卒，以身作则，率先执行，严格遵守自己拟订的规章制度，不能因为自己拥有权力就可以凌驾于制度之上。正所谓，上梁不正下梁歪。

总之，领导者不仅要具备宏观决策能力、组织指挥能力，还必须具备把握中心、控制全局、使整体组织沿着既定目标前进的能力。